小儿郎的处女作

黄秀琴 著

中原出版传媒集团
大地传媒
大象出版社
·郑州·

图书在版编目(CIP)数据

小儿郎的处女作 / 黄秀琴著.— 郑州 : 大象出版社, 2016. 12
ISBN 978-7-5347-7470-6

Ⅰ. ①小… Ⅱ. ①黄… Ⅲ. ①儿童教育—家庭教育 Ⅳ. ①G782

中国版本图书馆 CIP 数据核字(2016)第 262048 号

小儿郎的处女作

黄秀琴 著

出 版 人 王刘纯
责任编辑 李建平
责任校对 张迎娟
装帧设计 张 帆

出版发行 大象出版社(郑州市开元路 16 号 邮政编码 450044)
发行科 0371-63863551 总编室 0371-65597936
网 址 www.daxiang.cn
印 刷 河南省瑞光印务股份有限公司
经 销 各地新华书店经销
开 本 787mm×1092mm 1/16
印 张 13.75
字 数 211 千字
版 次 2016 年 12 月第 1 版 2016 年 12 月第 1 次印刷
定 价 28.00 元

印厂地址 郑州市二环支路 35 号
邮政编码 450012 电话 0371-63956290

致我们生命中的每一个第一次(代序)

李 昂

在我二十多年的人生中有过很多的第一次,有些早已忘却,还有很多仍记忆犹新。所有这些第一次构成了我的人生,成为我生命中最宝贵的财富。

有一个我特别欣赏的姑娘说过这样一段话:我最引以为自豪、最珍而重之的,不是你们所夸赞的我所拥有的容貌、学识、荣誉,而是我所经历过的独一无二的人生体验。第一次冲浪,第一次坐热气球,第一次开沙地摩托,第一次坐滑翔伞……我要买一台很好的运动相机的原因,是因为我要把所有这些宝贵的瞬间都记录下来。

在我的诸多第一次中有不少愉快的记忆:第一次炖出好吃的牛肉,第一次在"知乎"上答题获得赞同,第一次考试获得满分,等等。前不久我还解锁了一个第一次的成就:在阿尔卑斯山滑雪。那种从巨大的陡坡上高速滑下,心脏狂跳,速度已经接近失控却依然保持着最后一点平衡,绕过所有其他的滑雪者,最后在雪道尽头稳稳停住的感觉,是我在之前的所有运动中都没有体验过的。我为之深深地着迷,并在这个过程中体会到了超越一切的强烈快感。滑过以后我才明白,为什么有人说人总是会着迷于对自身的驾驭和对速度的追求。这些愉快的记忆很美好,就像一座座奖杯,你把它们存放在记忆中最显眼的地方,时常拿出来擦拭一下,细细欣赏,如醇厚的红酒一般醉人。等到你老了的时候,它们就变成了你在葡萄架下讲给孙子孙女们的一个个小故事。

当然,也有一些第一次是十分痛苦的。时至今日,我依然牢记着我初中时错过历史期末考试时的每一个细节。我能回忆起我如何记错了时间,如何在走进校园时遇到已经考完准备回家的同学,如何在悔恨中给了自己一巴掌。这样的第一次我并不喜欢,但我承认它们也很重要。它们就是悬挂在我头上的达摩克利斯之剑,时刻警醒我:人生路漫漫,须得谨言慎行。

然而,无论甜蜜与痛苦,所有这些第一次的记忆对我们成长的意义,绝非只是一个个娓娓道来的小故事,抑或只是人生的某种经验和教训。如果这样,人生就太肤浅了。更多的时候,这些记忆是一种情绪,是一种值得你慢慢品味、细细把玩的景致,是一种超越了你人生经验的境界,是一种供你窥视整个世界奥秘的途径。

多少个夜晚,我静静地回忆十年间我爱过的唯一的姑娘,夜不能寐。我在记忆里找寻我们第一次相遇的每一个细节,重复我能想起的每一次对话,在脑海中一次又一次地描绘她的脸庞。世间情爱如此美好,让我沉溺其间不可自拔。然而只有深深爱过,才能轻轻放下。经历了无数个这样的夜晚,我才逐渐触摸到这里的边界,终有一天我来到了尽头,推开一扇门,那又是一个全新的世界。现在,我依然不曾忘却这样的记忆,我也不抗拒它,我只是轻轻地从旁边走过,走向一个更大的世界。经历了这样的洗练,我觉得我离"我是谁,我从哪里来,我要到哪里去"这样的终极奥秘虽然还很遥远,但已然近了一点。

感谢生命中的每一个第一次,是它们构成了我们五彩缤纷的人生。

目 录

我是小司机

——第一次开车

我叫李昂,是个超级车迷,小时候买过各种各样的玩具车,从小轿车、小火车到四驱车,应有尽有,浪费了我很多买其他玩具的机会,但我也认了,谁让我爱车呢!

这几天,老爸从单位借了一辆旧面包车,跟一位出租车司机学开车。我也缠着老爸要学开车,老爸说:“不可能。我还不会呢,你学什么车?再说,你不满十八周岁,不能开车,学了也没用。”老爸真烦人,买玩具车时他不支持也就罢了,现在是真车,傻瓜才不喜欢呢!有了好事大家都有机会,凭啥不让我学?

他说我不到十八周岁,就是会开车也不能考驾照,开车上路违反交通规则,会被警察抓走的。

我才不信他那一套,先学会开了再说吧。

我家邻居是个科长,喝醉了酒还能开车。当然,我不会向他学,我开车绝对不喝酒,我还不会喝酒,好辣。再说,张科长因为酒驾还进去过一次,可糗了。单位正等他开会,等到下班了也没见他人影儿,后来交警队通知单位人被拘了,大家才知道。

我妈的一个闺密,开车时间长了,一次对我妈吹嘘:“姐们儿开车如行云流水,躺着都能开。”

我也不学她,我一定坐着开。

老爸坐在副驾驶室里，我一屁股坐进了驾驶室。老爸半天不说话，一脸的坏笑。

不知憋了多长时间，他才阴阳怪气地说："开呀，你咋不开呀。"

我咋会开呢？这不是开……开玩笑吗？我有时一紧张，口语滞后于思维。

一看，原来我坐的是司机的位置。活该我出丑！

算你狠，我磨磨蹭蹭地下来，让司机坐上去。我趁老爸不注意，又敏捷地钻进了车厢。

想甩掉我？门儿都没有。

司机开始讲如何起步，如何挂挡，如何换挡，如何刹车。老爸认真地听着，可老爸不知道的是，我比他听得还认真。

司机问，还用不用讲车的构造，老爸说得很经济："不用。"

哼，不讲就不讲，谁怕谁呀！只要知道起步、停车就能把车开走，我们班范小曾说的，他爸爸是厂长，有车，他上小学前就摸过他爸的车，不过他不会开。要是我会开了，就是我们班第一个，比范小曾还早，范小曾就再也兴不起来了。

司机让我爸试试，老爸紧张得直冒汗，手哆嗦着，打不着火，打着一次，配合不好又灭了。真丢人，要是换了我，保准一次成功，可气人的是，他们不让我摸，天妒英才呀！

等我长大有了儿子，买两辆车，我一辆，儿子一辆，他想啥时学就啥时学。我可不像老爸这样抠门。

我正在胡思乱想，老爸开着车颤巍巍地上路了。车子像得了羊角风一样，没有一点常性。我那个急呀，我那个紧张呀，真想冲上去把他拉下来我开，可更气的是，我没有那个胆量。我越紧张，手心越冒汗，最后我是一脑门子汗，加上他的左摇右晃，我直想吐。

"老爸，我晕！"我说的是网络用语，他不懂。

没走多远，熄火了。我利用这机会喘口气，搓搓手心，要不然非让老爸给颠散了架，急出心脏病不可。

司机让老爸再试试。老爸更紧张了，打了几次，又因为是破车，硬是没打着。

我说:“你慢点,别急,用力不要太猛。”这都是听司机说的,也不知管不管用,死马当活马医吧。

老爸依葫芦画瓢,别说,一股浓烟过后,车真的打着了。

“老张开车去东北……”我得意忘形,差一点唱出了下句“撞了”。多不吉利呀。

“下一步干啥?”老爸可怜兮兮地问。我告诉他轻抬离合,轻加油门。可他老胳膊老腿的,硬是配合不好,不是换不好挡,就是配合不好,憋死,真丢我的人。

我从头给他说,一遍遍地说,直到他挂上挡,能顺利地前进。

当老师真不容易,到现在我才理解老师为啥爱吵人,不吵能行吗?遇到一个笨学生,怎么也教不会,就会引起你的战斗欲。幸好他是我老爸,我给他留点面子,要不非吵死他不可。但也不能不吵,平时他吵我的时候可是一点不留情面,我也不能错过这天赐的良机。

“你用点心,注意力集中点。”我学着老爸吵我时的口气说,老爸的眼睛瞪得跟铜铃一样。

起步后,我按照司机说的要领告诉老爸如何打方向,如何转弯,嘴皮子都磨破了,恨不得自己开算了,可我不敢说。

在我的指导下,老爸进步明显。车子在路上抽风,忽快忽慢,声音大得吓人。

老爸一般都挂一挡，最多挂二挡，踩油门时把握不住轻重，排气管冒出浓烈的黑烟，路上的车慢下来，估计是烟太大看不清路。行人的眼球齐刷刷地扫过来，估计他们认为我们的车子自燃了。

“快看，柏油路都晒冒烟了。”不知哪个天才忽然喊了一句。

练了几个小时，起步、停车老爸基本上都会了，我们饥肠辘辘，准备回去吃饭。

老爸对我说：“明天咱们还来，你陪我练，对你也有好处。”老爸真狡猾，明明是对他有好处，偏要说对我有好处。

“我又不到十八周岁，拿不到照，练了也没用。”我故意气他，该端着的时候就得端着。

“来吧，练完咱们去吃麦当劳。”老爸明显在讨好我。有麦当劳吃，不来是傻瓜。

“三个字，我看可以。”我给他说了一句网语，估计老爸一时半会儿还理解不了这句话。

自从和老爸去练车后，我好几次做梦都在开车。梦中的车多是红色的，和法拉利车队的跑车一个样，快得没人能追上。风吹动我的长发，爽死了。其实我是小平头。

妈妈要去小姨家玩，老爸开着破面包车把我们送去后，把车停在后院。

吃罢中午饭老爸就睡了，午睡是他的必修课。

大人真怪，过年多好玩呀，他们竟然能睡着，还让我也睡，我才不睡呢。

宝宝是小姨的儿子，比我小两岁。用大人的话说，是五短身材；用小孩的话说，是胖嘟嘟的，脸上除了肉，没其他特征。两只胳膊像两节胖藕，两条腿像两根棒槌。我只要一去，他就黏着我，标准的一个跟屁虫。

小孩都喜欢和大孩玩，可大孩一般都不喜欢和小孩玩。

宝宝千方百计巴结我，用压岁钱买了大堆的小食品讨好我，还拿出他的四驱车贿赂我。哥哥，哥哥，叫得我耳朵都快起茧子了。

大人在睡觉，我们在外面吃着小食品玩四驱车。

不知玩了多长时间，我眼睛忽然一亮：老爸的车还停在院子里。

看到面包车，我对四驱车的兴趣立刻荡然无存。尽管四驱车是新的，面包车是旧的。

人都说智商很重要，其实情商更重要。

我跟宝宝说："在这儿等我，哪儿也不要去，要不我不跟你玩了。"宝宝点点头。

我飞快地跑回小姨家，还好，老爸还在睡觉，呼噜声很响亮，"呼——呼——"跟拉风箱一样。有时还会来个急停，真怕他断气了，好在几秒钟的间歇过后又会"呼"声大作。一看就知道中午没少吃，要不打呼噜会这么有劲？

我蹑手蹑脚地走过去，想找到老爸的外衣，没有找到，再一看，他是穿着外衣睡的。

这人怎么能这样呢？睡觉还穿着外衣，好像外衣是租来的，不穿会吃多大亏似的。

我轻轻地推推他，他翻了半个身，脸朝里睡了，外衣的口袋露了出来。我在口袋里慢慢地摸索，像做贼似的，心跳得怦怦响。

正在这时，老爸忽然说话了："我开车，不喝酒。"

幸亏我的心脏好，要不非吓出毛病不可。

原来老爸在说梦话。我摸到车钥匙，拔腿就往外跑。

宝宝还眼巴巴地站在原地等我。

小孩子真好吓唬，我不让他走，他肯定不敢走。

我打开车门，坐进驾驶室。

在宝宝的眼里，我一定帅呆了。

我学着大人的样子，先系上安全带，像我这技术，还是系上安全带安全些。

打着火，挂挡，抬离合，踩油门，一气呵成，车竟然发动了。

"老张开车去东北……"我唱。

人聪明挡不住，我心里暗暗佩服我自己。

宝宝明白了是咋回事，吵吵着也要上车。

我说："不行，你太小。"

宝宝的拗劲上来了，非要上不可："你才比我大两岁。"

我说:“你不会开,上来干什么!”

他说:“我不会开,我坐上面总可以吧。”

我害怕小姨吵我,不敢带他去。万一有个三长两短,我自己无所谓,老爸顶多训我两句,习惯了,可要是宝宝有啥事,小姨绝不会轻饶我。小姨夫家三代单传。

我正在胡思乱想,宝宝使出了杀手锏,他说:“你要让我去,我把四驱车送给你,这可是新的。你要不让我去……”宝宝卖着关子,狡黠地笑了。

小屁孩还怪狡猾,我听出了他的话外音。“不带你去,你会咋的?”我在试探他的标的。

他说:“要不带我去,我告诉我妈去。”

见过狠的,没见过这么狠的。

这事要是让小姨知道了就全完了,小不忍则乱大谋,大丈夫能屈能伸。

我马上服软了,干笑着对宝宝说:“我在逗你玩,咋能不带你呢?快上来吧!”

宝宝得胜回朝似的上了车,一屁股坐在副驾驶座上。

“这儿不安全,后面去。”我对宝宝喊。

其实坐哪儿都一样,只是我心里的那股怒气还没发泄完。宝宝乖乖地退到车厢里去了。

路上总有人通过,我总觉得他们都在看我。其实没人注意我。

我小心地开着,不敢换挡。两手死死地抓着方向盘,生怕它跑了似的,两眼直直地盯着前方。手心里的汗越渗越多,教老爸开车时的那份从容、那份镇定、那份自若、那份自信,全跑到爪哇国去了。

人最擅长的是纸上谈兵,一旦真刀真枪就原形毕露了。

“嘀嘀,嘀嘀……”前面有辆红色QQ开过来,我的车正在路中间,QQ过不去就使劲鸣笛。我一紧张,想往右打方向,却打成了左转向。

面包车马上就要“吻”上QQ,说时迟那时快,我一脚下去,车停了,也熄火了。

一粉红女郎从QQ里伸出脑袋,怒目圆睁,由浣纱美女直接变成了穆桂英挂帅。

“咋开车的？赶快过呀！”

“女士优先，你先过。”

我试着打火，面包车太旧，越急越打不着，只得让她先过。她小心翼翼地从面包车旁挤过去，估计也是生手，技术不咋的，还想对我吼。

无心恋战，害怕再惹出什么麻烦，我把车又开回了院子，想停在原来的地方，可越努力越停不好，到底也没停到原位上。

我跟宝宝说：“回去不要跟任何人说，要不以后再不带你玩了。”

宝宝说：“跟谁都不说，打死也不说，你放心。”

我又跟做贼一样把钥匙偷偷放回老爸的外衣口袋。

这件事做得天衣无缝，所有的人都不知道我们干的好事。只是老爸准备开车回去的时候，围着车子转了好几圈。

“原来停的好像不是这里，奇怪！”老爸挠着头说。

“肯定是你睡糊涂了，车子又没长脚，难道它会走路？”我故作轻松地说，可脊梁沟都冒汗了。

我导演爸爸妈妈吵架

——第一次参加 DV 大赛

爸爸他们报社要举行 DV(数字视频)大赛。

干爹送了我一台 DV 机,我正好拿它试刀。

拍什么呢？拍好朋友,俗;拍老师,俗;拍家长,俗。不过,拍家长俗是俗,可以一试。

“昂,不舒服了？”看见我蔫不唧的,妈妈关切地问。她啥事都问,跟克格勃一样,真怀疑她当初为啥没去当特工。她常说,男怕入错行,女怕嫁错郎。这话也不一定对,她就入错了行,没当特工却当了妈妈。至于她是不是嫁错了郎,我就不得而知了。

“我想参加 DV 大赛,有高额奖金。你说我拍什么能把大奖抱回家？”吃罢饭,妈妈正在收拾残局,我问。

“奖金有多少？”妈妈两眼放光。本来她干活时是不爱搭理我的,因为她会忙着说“都想当甩手掌柜的”“我是你们的老妈子”“也没人给钱雇我呀”之类的怨妇话,今天,一听说钱她却来劲了。

“特等奖 5000 元,一等奖 3000 元,二等奖 2000 元,三等奖 1000 元。”

“那得好好合计合计,搞个特等奖的话能顶我几个月工资。你爸鬼点子多,让他帮着你策划策划。”

“电话一响,见报有奖。大奖大奖,别跟我抢。”爸爸摇了个造型,逗得我跟妈妈笑得直打嗝儿。

“拍我跟你妈吵架。”爸爸说。

“你不发烧呀，怎么大白天说胡话。”妈妈说。

“杀猪杀屁股，各有各的杀法。什么是新闻？人咬狗。狗咬人，司空见惯，人咬狗，你见过吗？你要想成功，就要走前人所不敢走的路，听我的，不会错。”

“好啊好啊，只要能拿大奖，咋着都行。我最喜欢看吵架了。”

我拿出DV机，摆在电视柜上，对准爸爸和妈妈，喊了声：“预备，开始！”

“拿我脑门当镜头。”这句可以不要，我为了搞笑，强加了一句。我就按下了快门，他们都没注意。

小狗正在打鼾。

电视上体育节目播的是NBA（美国男子篮球职业联赛）比赛，公牛对火箭。我最爱看公牛队比赛。

“想吵你俩吵，我不吵。”妈妈的口气不容商量。

“咋这么没文化，这又不是真吵，不过是表演，对，是表演。”爸爸用的是激将法。

“就你有文化。我们没文化，小了你的身份，你可以不跟我们在一起，你们单位有个编辑婚姻不是发生裂变了吗？你也想裂变，正愁找不到借口，我不难为你，你只要跟他一样，拿个包净身走人，我要拦你我随你姓。”

妈妈的联想很丰富，有时还有点意识流。

“看不出来，你够狠啊。我拼死拼活干了20年，好不容易打下一片江山，你一句话让我走了，要走可以，存款我们一人一半，房子我们一人一半，孩子的抚养费我们一人一半。虽然我挣得多些，我也不跟你计较了，吃亏人常在。”

“做梦娶媳妇，你想得倒美。我现在人老珠黄了，不值钱了，你想把我一脚蹬开，门儿都没有。你要赔我青春损失费20万，我给你生儿育女……”

“只生了个儿子，还这么胖，啥时候育过女了？你这是虚报产量，不实事求是。”

爸爸当过老师，口才是一流的。他最擅长的是骂人不用脏字。

“你少跟我嬉皮笑脸的。当初我年少无知，被你蒙骗，你个没良心的。

你是不是在外面已经备份好了女人，等我一点头你立马走人？我要老太太纺棉花——缠死你，我要老太太煮稀饭——熬死你，我要老太太过日子——耗死你……”

老妈的定位有问题，她把自己升级成老太太了。

“还不知咱俩谁骗谁呢。我当时说退货，你妈不愿意，说你活是李家人，死是李家鬼。哪有你妈这样的，买个东西还有三包期，不满意可以包退包换，你妈这是强买强卖，欺行霸市，以次充好，不讲信誉，好在就这一锤子买卖……”

如果不是吵架，老爸的这几句话真是极品幽默。

“你还准备几锤子买卖？我一个人受罪还不行，你准备把我们家姑娘都弄你这儿受罪不成？你又不是皇帝，可以三宫六院七十二妃。不要说没有，就是有，你能养活吗？你要有点儿廉耻，就找个地缝钻进去。你要是真爷儿们，就拔根头发吊死。你要是，你要是胆小，就买块豆腐撞死。你好好坐那儿想想自己做的事，你就能羞死……”

老妈论口才给老爸当学生都不够，但她悟性不错，跟老爸在一块儿偷学了一身的“骂”艺。

老爸和老妈还是有师生之谊的。他们的媒人是赵伯伯。赵伯伯是老爸的同学，上下铺的，他也是老妈的班主任。老爸从赵伯伯这儿论，认定老妈应该叫他老师。老妈只用一个字作答：“呸！”感叹号是免费奉送的。

“你好，成天去逛街，一三五和你同学逛，二四六和你亲戚逛，星期天不是和你同学逛，就是和你亲戚逛，孩子回家你连饭都不做。”

“你好，成天打球，人家姚明打球挣美元，孙继海打球挣欧元，你连个肚子圆也挣不到，出一身臭汗，脱一堆脏衣，还不得让我给你洗？”

“你好，白天逛街，晚上打牌。成天说晚上怕黑，去人家里打牌，晚上十二点都过了，你依然斗志昂扬，精神抖擞，眼放贼光，你咋不说怕黑了？”

“你好，下了班不回家，跟狐朋狗友去喝酒，天不亮不回家。回到家吐得比狗屎还臭，难道你们喝的不是酒，是狗屎？好好的东西喝到肚里又留不住，再吐出来祸害别人，还不如直接吃狗屎算了，省得乌龟吃大麦——活糟蹋粮食。”

辱骂和恐吓绝不是战斗,但可以升级到战斗。

“想喝你也喝。我现在还在喝,气死你!”爸爸喝得脸跟猪肝一样。酒壮怂人胆。不喝酒,老爸绝不敢这样放肆。老妈的家教挺严的。

哪里有压迫,哪里就有反抗。老爸有时耍点小手段,老妈也招架不住。比如老爸撒酒疯,骂人还打人,老妈吃过亏。过后,老爸被判赔礼道歉,老爸态度好诚恳。

有一次老爸被老妈欺负了,心里不快。我亲眼看见他在妈妈回来前,在嘴上抹酒,等老妈一进屋,他就打着醉拳和老妈闹……

“我不气,喝死你我好嫁人,趁着现在还不太老,名正言顺。省得哪一天你喝废了,我跟你守活寡。”

“我现在就废了你,让你连守活寡的机会都没有。”

我替老爸揪心,秋后算账肯定少不了。

妈妈一脚把蜷曲在她旁边的京巴狗踢得老远,痛得狗狗汪汪叫着跑回老窝。

妈妈把满腔的怒火全撒到狗狗头上了。

爸爸又喝了一杯,酒瓶里弹尽酒绝了,他又拿了瓶脑满肠肥的。他用脑满肠肥代替弹尽酒绝。

“你才恩将仇报。当初你在街上流浪,我看你可怜,把你领回家,直接给你个夫人的位置,你还有啥不满足的。你不好好干,我让你待岗,留岗察看三个月。再不合格,让你下岗,现在可是僧多粥少,你不能当一天和尚撞一天钟,不当和尚就不撞钟……”爸爸开始意识流,把平时的玩笑话也拿来说。

“不当和尚还撞什么钟?”

“你当尼姑也得撞钟,就得撞钟。”这俩人真是可笑。

“就不撞!”

爸爸摇摇晃晃,我咋觉得他像在演戏?

乔丹接到皮蓬的妙传,直接一个张弓单手劈扣引爆全场。“Split button(劈扣)! Split button!”

为了更好地享受NBA,我把妈妈劝退了。

过了一个星期,爸爸跨步格外高远地对我说:“儿子,你得大奖了,祝贺你！”

“我真的得奖了？几等奖？”

“特等奖。奖金5000元，编辑让我通知你去领奖，说还专门设了男主角奖和女主角奖。”

“谢谢老爸。”

“你拍的啥参赛？”妈妈问。

妈妈出走后第二天，我就给她打了个电话，说：我吃方便面吃得直恶心，你快回来吧。妈妈把我骂得狗血喷头，说你要不是我亲生的，我才不管你的破事，我一定跟他血战到底，一提起他就引起我的战斗欲。

“那天你们的表演，我全拍下来了。不能让你们白吵了，是吧？”我对妈妈做了个鬼脸。

“我又进行了后期制作，把不太精彩的全删了，留下的都是最棒的。”我补充道。

两人像被施了魔法，成了两尊石雕，只有眼珠在骨碌碌乱转。等他们反应过来，便一齐向我扑来，吓得我穿着拖鞋飞到屋外……

祝你生日快乐

——第一次干农活

“李昂，放假在家干吗？”

“没干吗，正无聊着呢。”

“来帮我干活吧。”

“好哇。”

挂掉小婶子的电话，我直奔小婶子家。不是我对干活情有独钟，而是小婶子做的烫面馍实在诱人。

小婶子家在郑州西郊农村。说是农村，其实 2010 年已改镇建办事处了。

这里地处郑州市上风口，是城区扩展区。陇海铁路穿境而过，景观大道横穿东西，形成了三纵三横的快速交通网络。空气质量全市最优，号称城市“绿肺”和“天然氧吧”。环道两侧种有万亩花卉苗木，为城市增添了一道亮丽的风景线。

“有山皆图画，无水不文章。”“桃蹊李径年虽故，栀子红椒艳复殊。”“草色青青柳色黄，桃花历乱李花香。”“桃花香，李花香。浅白深红，一一斗新妆。”学过的好诗好词急着往外冒。

小婶子家的地里种着许多油菜。密密的田野里，油菜花黄了，不停点头，不停摇动，多了一抹新鲜的亮色，像是在欢迎我的到来。田边的果树摇曳着又绿又肥的叶子，花儿的清香引来了翩翩起舞的蝴蝶，“飞入菜花无处寻”。

我到她家的时候，已经是下午1点多了。他们一家都在花生地里拔草，小叔叔也在。弟弟小翔在地边玩，和他一起玩的还有二叔家的亚男，三叔家的小胖。

新下过雨，地里湿漉漉的，一踩就带起一团泥。

我紧挨着小叔叔。他们拔得又快又干净，我也学着他们的样子，在花生秧里搜寻杂草，然后再把它们干掉。

“不是这样干的，草拔断了，过两天又长起来了，比这还旺。要连根拔起，以绝后患。没听人家说吗，斩草要除根，就是这个意思。”小叔叔边说边示范。

果然，我拔的草，根都留在土里。“野火烧不尽，春风吹又生”，大概说的就是野草。为什么野草这么顽固？要是庄稼都有这么强的生命力，都有这么强的适应力，农民伯伯就不用这么辛苦了。

我也照着小叔叔的办法，想把野草连根拔起，没有成功，草根坚持赖在土里。我用手抠，指甲都抠酸了，才抠出一个。

干农活我有先天性的劣势，太胖，弯不下腰，没干一会儿，我就腰酸背疼了。

“小孩没腰。快干。”小婶子故意说。

我白了她一眼，估计白眼球比黑眼球多百分之五十。

“去跟小翔他们玩吧，别干了，你干不好。”小翔姥姥的话如春风灌耳。

“去哪儿？”我问亚男。亚男和我大小差不多，也胖，只是性别不同，她是女孩。

“苹果园。”

我们一块儿跑到苹果园，看园人不在。我们看到了茂盛的苹果树，闻到了苹果的芳香。树木都乖乖地换上绿衣，远远望去美丽极了。

“这苹果园是我叔家的，随便玩。”亚男说。

在蔚蓝的天空下，苹果园好像一幅生动的油画，仿佛看得见，摸得到。

“想玩什么？”亚男以主人自居，她的地盘她做主。

我们在一片草地上坐下来，拿出小叔叔买的美味食品，一边吃一边交谈,一边呼吸着城市里罕见的新鲜空气。

“咱们比爬树,看谁爬得高。”小胖说。

穿着红裤头的小翔爬到一棵歪脖子树上去了,他是瘦肉型的,爬树有得天独厚的条件。他在树上对我们招手,这明显是挑衅。

我想起人们说的一个笑话:一只猴子蹿到电线杆上,汽车全停了。警察纳闷,是绿灯呀,为什么都停了?再一看猴屁股正对着汽车,司机把红红的猴屁股当红灯了。

小胖也在努力地爬,可他进步不大,胖肉阻挡了他进步的幅度。

“像不像熊猫爬树?”亚男问我。

“像,比熊猫还像。”我打趣小胖。

爬树对我们来说已是小儿科，我们不屑一爬。

我和亚男躺在草地上看蓝天白云。只有在这里才能看到天空，在市区是没有天空可看的。

“在想什么？”我问亚男。

“明天我生日，你能来吗？”亚男眼里满是期待。

“不知道。”我靠在一棵正值青春的苹果树上，我需要它帮我一块儿思考。

“我现在给你过生日吧。”我说。

两行瀑布一齐从亚男的眼角挂下来。

我把小翔和小胖喊来，在地上堆起一个“蛋糕”，插上“蜡烛”。我们一起唱《祝你生日快乐》。先唱汉语的，再唱英语的，唱完，我和亚男又用英语合唱了一遍。

我们在点“蜡烛”的时候，把旁边的草燃着了。熊熊燃烧的大火似一条毒蛇，吞噬着干焦的枯草，时刻威胁着苹果树。我们使劲儿地用树枝拍打，用脚踩，就差用衣服扑打了，但都无济于事。我们这些小孩子在大火面前显得很弱小，很无助。

我们无力控制局势，只得让亚男喊来了她的叔叔。她叔叔扛来一把铁锹，挖了几锹土，就把大火镇压下去了。

结果可想而知，亚男的叔叔把我们撵走了。我们依依不舍地回望了好几眼。

晚饭是小婶子亲自做的，饼夹菜，我最爱吃的。

手还没洗净，我就吃了一个饼夹菜，噎得我胃里直反酸水。

“喝口玉米粥压压。”一直在看着我吃的小叔叔把碗递给我，喝罢玉米粥，危机才算解除。

“真好吃。”我对小婶子说。

“都是自己种的菜，喜欢吃多吃点。”小婶子笑得很开心。

吃到第五张时，我放慢了速度。小婶子没怎么吃，她在看我吃。大人总是这样，我爸爸在家里来客的时候，也总先让客人吃好了，自己才吃。有一次饭没做够，爸爸没吃饭就不吃了，留给客人吃。要是客人吃不完，等客人走了,他在收拾餐桌时,才把剩下的吃掉。

临睡前,小叔叔领我去厕所。说是厕所,其实是个简易的小棚,棚子前面挂着帘子,小棚的邻居是猪圈。真是“臭味相投”,大哥不说二哥,谁也不嫌弃谁。

离厕所还有一米,蚊子就成群结队地来迎接我。我捏着鼻子也阻挡不了臭气的进攻。

我手提裤子问小叔叔:“屋里有厕所吗?在这儿我拉不出来。”

“没有,我带你去外面吧。”小叔叔把我领到野外。

没有城市的光污染和噪声污染,农村的夜晚很静,星星在夜空里眨着眼睛,我要不是急着排污,定会被这无边的美景裹挟住。

我感觉到身上好痒,小叔叔说野外的蚊子最毒。

一只萤火虫飞过来,我讲起刚看过不久的笑话:萤火虫因耍流氓被拘留,萤火虫不服:谁放电了?谁裸奔了?谁有暴露癖啦?厕所黑还不许俺点灯?

我想小叔叔会笑岔气,谁知小叔叔只象征性地咧咧嘴。小叔叔很忠厚,估计他都没听懂。

谁再说我没腰我跟谁急

——第一次领工资

盼星星,盼月亮,我终于盼到了领工资的这一天。没法不激动,这是我有生以来第一次领工资,也是我第一次凭着自己的劳动挣的钱。

妈妈坐在沙发上,跷着腿,边嗑瓜子边看女足比赛。

“女子比赛有啥好看的!”我不屑地说。

“总比男子强吧,女子参加过无数次世界杯,男子行吗?男子要想参加世界杯,只有一个办法:在中国举办。中国队成了东道主,不用参加预选赛,免检。”妈妈头也不回地说。

“今天是这个月最后一个星期的星期六……”我不想把话说得太直白了。

“我知道你的意思,想要工资。发工资之前,妈妈想跟你谈谈。”妈妈一脸的严肃。妈妈穿着大红的上衣,就像审讯室里的红灯。

“谈吧,我洗耳恭听。只要不拖欠农民工工资,说什么我都爱听。”其实没必要这样,劳动所得嘛,应该得的!

看来我对市场经济还需要适应。

“你这孩子,觉得妈妈真的把你当工人使?妈妈是老猫,你是小猫,妈妈是在教你本事。”妈妈说得特深沉。

“我懂,发钱吧。”我的心里只有钱。什么老猫小猫,抓住老鼠才是好猫。

"你不一定懂,或者说你不一定完全懂。不一定能理解妈妈的良苦用心。"我看得出,这是深沉的平方。

"我懂。"升级为妈妈的女人都变得啰唆了,她们要把当姑娘时没说的话全找补回来。

"现在的孩子不是小皇帝就是小公主,四体不勤,五谷不分。有的大学生连鸡蛋都不会剥,更不要说穿针引线了。前几天看报纸,说在某市,几个大学生雇了一个保姆,专门帮他们做饭、洗衣服。这些人毕业以后咋办?还雇保姆?谁当保姆?现在独生子女这么多,都想坐轿,谁来抬轿?前几年,中国的小学生和日本的小学生进行过一场较量,就是你们所说的PK,中国的孩子输得一塌糊涂。这些小皇帝、小公主以后怎么能立于不败之地?"这是深沉的立方。

"现在的孩子缺的不是智商,哪个孩子都很聪明,遗传条件好了,这是自然的,但情商普遍不高。以后孩子们比的不是智商,而是情商。我现在就是在训练你的情商。"妈妈一深沉,上帝就发笑。我在听她说话,我就是上帝,不然她上哪儿找这么好的听众,还是免费的。

"情商不就是谈情说爱吗?可以无师自通,不用你这么早就教我。"我觉得脸在过电。

"你看看你,能把情商理解为谈情说爱,无知者无畏啊。情商的情是指情感,不是片面的爱情。"妈妈发现了我的错误,就像抓住了狐狸尾巴,她精神倍增。

"我知道了,就是对人有没有感情。不就是'老吾老以及人之老,幼吾幼以及人之幼',还有'先天下之忧而忧,后天下之乐而乐'嘛!"

"聪明。"妈妈的忧国忧民意识得到了我的理解,她自然心花怒放,真是"位卑未敢忘忧国"。

"我不能成情爱王子,但可以成情商王子。"我说。

现在的人特喜欢称自己为"王子",打篮球的称自己为"篮球王子",踢足球的称自己为"足球王子",连我爸爸单位的美编叔叔都称自己是"灌水王子"。

中国人的谦虚美德早被扔到雪山上冻起来了。

“这个月我一共需要付给你100块钱,没错吧?”

“不是210块钱吗?怎么转眼就成100块钱了?”

“一个月4个星期多两天,你只干了3个星期,扣掉60块钱,你稍微占一点便宜。打碎3个碗,30块钱……”

“这是明抢。1个碗怎么会值10块钱?在商场顶多几块钱,到咱们家瓷碗都变成金碗了?”

“我们没必要在这上面争执,以后你活儿干熟了,就不会再打碎碗了,我就不扣了。你这个星期不就没打碎碗吗?”这是在哄三岁小孩子。

“你光想让我把碗全打碎,正好咱家的碗都该更新换代了。”我剥开了她的“话”皮。

“不是那样的,既然你是打工,就要有打工的样,否则就失去意义了。我就是要对你丁是丁,卯是卯,在家养成好习惯,以后好适应社会。”这会儿如果用“语重心长”造句,我一定能造得最好。

“还有20块钱是啥时扣的?”我咄咄逼人。

“第一次打扫卫生时,忘了收拾卧室和书房,是我替你收拾的,扣20块钱。”妈妈就是常有理。

“你还不如杀了我。为啥你当时不提醒我?就为了扣我的钱?”是可忍,孰不可忍。

“扣你的钱又不给我。在别处打工,没有人提醒你,处罚就是最好的提醒。处罚一次,下一次你就刻骨铭心了。”妈妈的歪理还真是一套一套的。

郑渊洁说得真好,现在是理屈词富的年代,越是没理的人,越是喋喋不休。

平时巧舌如簧的我,这会儿连个屁也放不出来了。

阴险和年龄成正比。

我在记忆的长河里一遍遍地搜寻,想起来了。

那天妈妈让我收拾卧室和书房,还让我给地板打蜡。我先用吸尘器把地板打扫一遍,这是妈妈教我的,又用湿抹布抹了一遍,也是妈妈教我的。

“抹布不要太湿,拧干了再抹,要不会损伤地板。最后用干抹布再抹一遍,才能OK。”妈妈这会儿成了包工头。她趿拉个鞋,跟在我的后面,边嗑瓜子边指手画脚。周扒皮，拿摩温，我的思维好活跃。

我是个胖子，腰真是弯不下去，我跪在地板上，就是被罚跪的那种。我一点点地抹，鼻子都快够着地了，我闻到了地板上散发出的甲醛味。

干完妈妈要我干的活，我腰痛得直不起来。慢慢地，慢慢地，我好不容易才把腰修复了。

有人说，小孩没腰，这真是天大的谎言。谁再说我没腰我跟谁急，这是腰歧视。

妈妈催我快给地板打蜡。有地板就不错了，还打什么蜡，全是浪费，不符合社会主义的节约观。报纸上成天说要提倡节约，反对浪费，为啥不反对家里装地板？家里不装地板，我就不用给地板打蜡了。

"日本人很爱护自己的环境，他们的树木烂了都不采，蓝天白云青山绿水才会留下来和人们为伴。"我也不知道自己在说啥。

"那是，他们把我们的优质木材都抢走了。"妈妈恨恨地说。

"现在不是抢，是买，高价买的。"要不是为了和妈妈争个理，我才不会替日本人说话。

"那你咋不去日本？你有爱国心吗？"跑题了，再不赶紧打住，妈妈该唱《我的中国心》了。她喜欢唱这首歌，唱得不咋的，但很动情，好像她马上就要变成外国人了，其实她连国门在哪儿都不知道。

打蜡是个细活，根本不是我这种粗手笨脚的人干的。我先把抛光蜡抹上一遍，怕妈妈说抹得不均匀，让我返工，我又从头到尾抹了第二遍，比我洗脸仔细多了。

我洗脸只往上洒水，用干毛巾一抹就成了，妈妈说我是猫盖屎。

"小白菜呀，地里黄呀，三两岁呀，没了娘呀……"

我故意把《小白菜》唱得很悲惨。六一儿童节我们演过这个节目。

"不许唱这个。烦！"妈妈一听我唱这个就风颜大怒。

"北风那个吹……"她一不让我唱《小白菜》，我就唱《白毛女》。

侍候完地板，我浑身像散了架一样。

妈妈喊我吃饭，我把收拾卧室和书房的事早忘到了九霄云外。直到妈妈说起，我才想起来。我认为妈妈当时喊我吃饭就是用心不良，她用香喷喷的饭菜来诱惑我脆弱的神经。

“如果那会儿你不喊我吃饭,我也不会违约。”我咬牙切齿地说,“你应该无罪释放,不应该扣我钱。”

“我又不是法网柔情,制度面前,六亲不认。求人不如求己,下次好好干就行了。”妈妈悠然自得地说,完全忘记了《小白菜》。

可我已忍无可忍,无须再忍:“你还是不是我亲妈?”

这时我的泪腺已没有库存的余额,但我仍捶胸顿足,大放悲声:“雪花那个飘……”

我赚钱啦赚钱啦

——第一次做饭

领到工资,我和妈妈都很高兴。

妈妈是不动声色的高兴,表面风平浪静,背地手舞足蹈的那一类。我是满面春风的高兴,脸上的五官都兴风作浪的那一类。

下午妈妈去胖阿姨家打牌去了,爸爸加班没回来。

爸爸星期六老加班,真烦人,可他还加班有理:不加班你吃什么,喝什么,穿什么?

“您要不相信,请往那身上看,咱们的鞋和袜,还有衣和衫,千针万线可都是她们连哪。”他还会唱几句豫剧作为旁证。

我总想给爸妈一个惊喜,一直没有机会,今天是万事俱备,只欠东风。

怎样才能让爸妈惊喜呢?

我挠掉了好几根头发,强迫自己不能再挠了,不然就成秃瓢了,跟葛优一个样,照到哪里哪里亮。

有了,我一拍脑门,用劲太大,头都被拍蒙了。

我想起著名彩铃歌曲《我赚钱了》(用河南方言读,别有韵味):“我赚钱啦赚钱啦,我都不知道怎么去花……”我摸摸口袋里新领的工资,抬头挺胸,向超市进军。

我家门口有个全市最大的超市,整个三楼卖的全是吃的,菜市场有的这里有,菜市场里没有的这里也有。

我左三圈右三圈,转得头都晕了。

“新鲜的蔬菜,打折大酬宾。瞧一瞧,看一看,看不要钱,买少要点钱,够本就行。”电喇叭嗓门大,声音很刺耳。也不知超市咋管理的,竟然允许使用这种家伙扰民。等我当了店长,我把它们全没收了。

不过,菜还真是便宜。有几个老太太仔细地挑着,这儿掐一根,那儿去一条,一大把菜到她们手里就剩几根了。小商贩们是敢怒不敢言,不然要砸手里就一文钱也不值了。

爸爸说过,他小的时候,整个一中国版的“悲惨世界”,要吃的没吃的,要穿的没穿的,常年吃不上一顿肉,肚里的馋虫都让饿死了。过年吃个猪头壳子,还不带脸皮,兄弟几个,三口两口,没上桌就没了。剩下的工夫就是坐那儿咽口水。

妈妈说过,现在的人嘴刁得很,市场上就那几样菜,成天都为吃啥发愁。愁得头发都白了,再这样愁下去,就成白毛女了。

“鲇鱼?”我像发现了新大陆。

爸爸最喜欢吃鲇鱼了,我也喜欢。放在锅里一炖,再放上山药,最好是野山药,细细的弯弯的那种,用文火慢慢地炖,再滴上两滴醋。“馋死个人儿……”,我不觉哼出了声,卖鱼的阿姨笑得直用手指我,水顺着她的手指往下掉。

“四毛钱免了,下次还来买我的鱼。”卖鱼的阿姨终于忍住笑,她想用小恩小惠拉拢我下次还买她的鱼。

排骨也挺好的,妈妈会做糖醋排骨,我一顿能吃半盆,妈妈说我快吃成猪了。

可我不会做,不买算了。市场经济,成本核算还是要讲的,吃排骨也太贵。想吃排骨,得让妈妈出血,她的钱是大家的,吃了不心痛,至少我不心痛。

爸爸已经戒烟好几年了,不用给他买烟。

爸爸喜欢喝酒,一喝就醉,不能买白酒。喝点红酒还是可以的,可红酒贵,免了,反正我也没答应他们什么,不买他们也不知道我有想买的念头。买点红葡萄酒就行了,通化红葡萄酒,多便宜呀,喝了还不伤身,物美价廉。

妈妈喜欢吃清淡的，买点青菜就行，回去再熬点粥，她就心满意足了。女人真好打发，既经济又实惠。

我买了一斤韭菜、一斤莲菜，打道回府。

一会儿花出去20多块钱，要是爸爸给的，我不心疼，可这是我自己挣的，每花一分钱都像在割我身上的肉。

“我赚钱啦赚钱啦，我都知道怎么去花……”我大声唱着，把原句中的“不”字去掉了。

系上围裙，这个习惯我已养成了，干活时先系上围裙。把菜洗净，放在盆里。

最难的是杀鱼。我只吃过鱼，从来没杀过鱼，倒不是不杀生，而是不会杀。

会与不会在某种情况下可以互相转化。我原来不会走路，练一练就会了。

我学着爸爸的样子，在鱼的下巴上割了一刀。不割不知道，一割吓一跳，鲇鱼本来就滑得很，它一感觉到疼，就使劲地摇头摆尾，甩了我一脸水。我一松手，鱼滚到地上，拼命地挣扎，我吓得扔了刀就往客厅跑。

我惊魂甫定，爸爸回来了，帮我把鱼杀好洗净。我把鲇鱼放在锅里炒了炒，放上盐，放上酱油，再放些辣椒。我最喜欢吃辣的了，爸爸也喜欢。把水烧开，小火慢慢地炖，再放在沙煲里，OK。

我开始炒菜，都是比较简单的。放上油，放上盐，别烧煳了就行，妈妈就是这样做的，爸爸赶鸭子上架，有时也客串一把，也是这样做的。我自认为没有妈妈做得好，但跟爸爸还是有一比的。

在做菜的同时，我把粥也熬好了。这用的是统筹法，跟华罗庚学的。

我一样一样地把菜端上桌摆好，鱼放在中间，其他菜放两边。

我又把烛台拿出来，插上蜡烛，点着，把电灯关掉，屋里的光好温馨，好浪漫哟。

“开吃吧，忙了一天了，我都饿了。我想品尝一下儿子的手艺。”爸爸说着就用手捏些菜往嘴里送。妈妈在家的时候，他就这样。我把他手里的菜打掉，妈妈就是这样做的。

她说不能“姑息养奸”。

“不行,要等我妈妈回来。”我立场坚定,旗帜鲜明。

爸爸尴尬地把手缩回去,用嘴舔了舔。

“对,我们等你妈妈回来一起享用,等一会儿又不会饿死。我要把不合时宜的想法验明正身,就地正法,就像诸葛亮挥泪斩马谡。”爸爸自我解嘲,我想笑,忍住了。

“咱们练练英语吧。”爸爸像在征求我的意见。

“行啊。”英语是我的强项,班里的第一名。

“韭菜的英语怎么说?”

“leek。”小菜一碟。

“鲢鱼。”

“silver carp。”

“莲藕。”

“lotus root。”

爸爸只管说,我只管答。他也不知道是对是错,他的那点英语水平早还给老师了。

看难不住我,爸爸开始乱说。

“龙虾。”

“lobster。”这个我还真知道,听农科院的英国老师说过。

“乌龟。”

“tortoise 和 cuckold,两个都可以。”

“王八。”爸爸开始胡诌。

“最后一个,我说了不许再问了。也是 tortoise。”

爸爸说些肉麻的恭维话,其实没难住我他有些失落。

妈妈拖着疲惫的身躯回来了,是我给她开的门。

“为啥不开灯?跟老鼠一样,怕光呀?”妈妈有气无力地说,好像几天没吃饭。

“等你呀,再不回来,我的胡子都等白了。”爸爸开玩笑。

“点蜡干啥?有喜事吗?我咋不知道?”疲惫和惊讶在妈妈脸上开始融

合。

“没有，觉得您挺辛苦的，这是儿子对您的孝敬。”我想让气氛更轻松，更融洽，更和谐。现在报纸上不是提倡和谐社会嘛，我们提倡和谐家庭，没有家庭的和谐，哪来社会的和谐？没有小家哪有大家？

“还是儿子对我真心，不像有些人，嘴上一套，心里一套，阳奉阴违。”妈妈看爸爸的眼光很不友善。

我赶紧把话题岔开：“过几天就是我的生日了，生日就是母难日，爸爸妈妈把我由一个只会哭、只会吃、只会睡的婴儿，培养成了懂事好学的阳光少年，你们辛苦了，受我一拜。”我离开桌子，恭恭敬敬地给妈妈鞠了一躬，给爸爸鞠了一躬。

“我曾发誓要用我的第一笔收入好好孝敬父母，可惜我的第一桶金太少。我今天就是想表达一下自己的心意，希望二位给我这个机会。”我被自己感动了。

烛光里飘出美妙的音乐，是我精心挑选的《烛光里的妈妈》：“……噢妈妈，烛光里的妈妈，你的眼睛为何失去了光华？妈妈呀，女儿已长大，不愿牵着你的衣襟走过春秋冬夏，噢妈妈，相信我，女儿自有女儿的报答。”虽然我是儿子，可歌曲表达的情意是一样的。

妈妈没动筷子，她静静地凝视着我，久久地。

当家才知柴米贵

——第一次当家

俗话说，当家才知柴米贵，养儿才知报娘恩。

我也不当家，我也没养儿，知不知柴米贵，需不需报娘恩，都是很遥远的事。

早上，闹铃已响过三遍了。我都是在闹铃响起的时候，用手按掉，再响再按掉，不按几个来回，我是不会乖乖起床的。

"一点诚信都没有，你还跟我订啥合同？订了合同就要执行，言而无信，不死何为？"妈妈的狮吼功把我从梦乡中拉回。我忽然想起昨天和妈妈草签了一个合同，虽然没有进行公证，但已产生了效力。

昨天早上我还在做大头梦，妈妈就跟喜鹊一样叽叽喳喳地叫起来。我用手捂住耳朵，没用，妈妈的聒噪高一声低一声地往我耳朵里灌。我穿衣，下床，去厕所，大小便，洗脸，刷牙。这是妈妈每天为我设定的程序，一个都不能少。

"去跑 10 圈，跑完回来吃饭。"妈妈的程序不是很固定，她经常会随心所欲地设计新的程序，搞得我措手不及。

"今天学校值日，我得早点去。"

"这是对你'冲动的惩罚'。"

"凭啥你说什么我就得听什么，我说的为什么不可以？"

"因为我是你妈。你要是我妈，我就听你的。"

“你这是不讲道理。当妈就了不起了？当妈就可以随便发号施令？”

“端人碗，服人管，这是祖上传下的规矩，你不端我碗，我就不管你。反之亦然，我要是端你的碗，我就服你管。”

“从明天起我当妈，我去买菜做饭，你是不是服我管？”我使出了杀手锏。

“那还用说，你是老妈你做主。”妈妈的五官都在跳舞。

妈妈伸出小拇指，和我的小拇指钩在一起，我们一起说：“拉钩，上吊，一百年不许变，谁变谁是小狗。”

“耶！”我和妈妈的手势都是李咏式的。

中午一放学，我就往家跑。社区有个菜市场，又脏又乱。一群苍蝇飞过来想和我握手，被我拒绝。它们又展翅高飞，载歌载舞，海拔接近我的头部时，伺机亲吻我的脸，我左冲右突，没让它们的阴谋得逞。

最让人受不了的是东西腐烂的味道，简直令人窒息。

肉味本来挺好闻的，但生肉的味道却相反，瞬间可以将人击倒。

妈妈平时都买什么菜，我也没留意，在菜市场转了一圈，我的手里还空空如也。

想起来了，妈妈说她是“优秀饲养员”，把我和爸爸饲养得白白胖胖的。这话听着有点别扭，也算是实事求是，凑合着听吧。

她说我和爸爸都是食肉动物，一天三顿肉也吃不烦。

就买肉吧，我和爸爸都爱吃。

对门张奶奶说我爸爸不能再胖了，再胖下去，装个轮子推着就可以走了。

爸爸从来不信邪，该吃吃，该喝喝，凡事不往心里搁。爸爸的口头禅是“这也不能吃，那也不能喝，人活着还有啥意思，不如死了算了”。可是最近爸爸信邪了。大夫说他有毛病，脂肪肝。

“脂肪上还有肝，严重啊！”爸爸跟张奶奶开玩笑。

爸爸还是那种血压比工资高的人。

血脂也不稀。

妈妈说她不爱吃肉，那是没有，肉端上桌，她说尝尝咸淡，一会儿能尝下去半盘子。

我现在也养成了尝肉的习惯，不尝不行啊，等真正开吃的时候，我抢不过爸爸，再尝不过妈妈，我会病的，胃缺肉。

生肉原来是这副德性，血迹斑斑的不说，上面还有毛，看着就恶心。买了我也不会做，我放弃了买肉的计划。

生肉不行，熟肉可以。我来到双汇店，买了几根火腿肠，捎带着买了一瓶可口可乐，大瓶的，够我喝两天。

刚走出门，又想起第二天的早餐没东西吃，又买了一袋面包，3 个乡巴佬鸡蛋，一个黏玉米。

掂着食品袋，背着大书包，我成了名副其实的乡巴佬。

有人用怪异的眼光看我，顾不了那么多了，先回家填饱肚子再说。

一位阿姨正被女儿纠缠，见我经过，指着我说："看看哥哥，这么小就知道买东西。"我心想，这算啥，我不仅会买，还会做。

一进家门，看见妈妈正在煲电话粥。这是她的强项，她一次能打一个多小时，月末交电话费时，她会痛心疾首，交完电话费，又是外甥打灯笼——照旧(舅)。

"快给我接东西，累死我了。"我对妈妈喊，她好像没看见我，根本不接我的茬。

"我现在不用做饭，有现成的吃，我儿子现在当妈了，我给他做儿子，家里的事都由他做，我啥也不用做。你别羡慕我，让你家闺女做呀，什么？她不做？想想办法，哪天来我教教你，我的办法可灵了。哈哈哈……"从妈妈的笑声中，我可以听出来，她一定是在和哪位阿姨分享胜利的喜悦。

我真想来个"二七大罢工"，一想到妈妈正在直播电话，我感到有些后怕。姜还是老的辣，我这小嫩姜算计不过她。

我打开冰箱，幸好里面还有菜，妈妈已经洗好，放在保鲜袋里。

我按照公务接待的标准，做了四菜一汤。端上桌，喊妈妈吃饭，妈妈的电话还没打完。"晚上来我家玩，尝尝我儿子的手艺。"妈妈真把我当成小保姆了，一分钱都不用花的免费小保姆。

"张冰莹，你到底吃不吃？不吃我就倒凉水了。"我"怒发冲冠，凭栏处，潇潇雨歇。抬望眼，仰天长啸，壮怀激烈"。我妈妈叫张冰莹，在这特殊的情况下,叫一下也没什么大不了的。

“来了,来了,喊什么喊,没见人家正忙着呢。好了,不跟你说了,我儿子喊我吃饭呢,下次再聊。是啊,我有的是时间,家务事不用我管,有我儿子呢,我成甩手副掌柜了。哈哈哈。”听着“哈哈哈”,我浑身直起鸡皮疙瘩。

妈妈还是穿的那件红上衣,我一点也不喜欢。她又不是斗牛的。

“都做了啥好吃的?”妈妈用一双挑剔的眼睛审视着餐桌和我。

“家常便饭,有吃的就不错了,不要挑肥拣瘦。”我学着妈妈的样子说,妈妈的鼻子里哼了两声,算是回应。

“好像什么东西煳了?”妈妈使劲吸着鼻子,她鼻子可尖了。

我撒丫子往厨房跑,只恨爹妈少给两条腿。

一股焦煳味破门而出。掀开煮米的锅,一股青烟腾空而起,米饭黄得像玉米面饼。拔掉电源,我无力地把锅盖盖上。

“下面条吃吧,都怨你,一喊不来,二喊不来,害得我把米也煮煳了。”我想转嫁危机。

“吃饭吧。菜不会煳吧?你做菜的时候,我没耽误你。”妈妈的话不怀好意。

“这是‘心心相连’。”我学着店小二的样子,给妈妈介绍我的心血。

“不就是炒莲菜嘛。”妈妈显出不屑的样子。真气人,一点也不尊重劳动人民。

“是不是忘了放水了?莲菜炒焦了。”妈妈开始挑刺。

“可能放少了。”我底气不足。

“这盘是啥?黑乎乎的。”妈妈的眼珠快掉到盘子里了。

“‘长虹卧波’。”

“这是粉条,这是大葱,这是豆腐,你说的‘长虹卧波’就是这么一盘糊糊?狗都不吃。”妈妈的五官在换位。

“不吃拉倒,我还不伺候呢。”我的热血聚集到脸上。

“人不大,脾气不小。我又没说啥。”妈妈的五官在换防。

“你还想说啥。人再小也是有尊严的。我上完学,马不停蹄地给你做饭,你还挑三拣四,太不像话了,我容易吗?”我感觉热血已奔涌到脖子上了。

“现在知道不容易了，才干了一天，要是像我一干多少年，你还不蹦到房顶上去了。”妈妈的五官恢复了本来面目。

“不能挑食，这是你说的。”我的热血已经蹿到脑门上了，再往上就该脑栓塞了，我爷爷得的就是脑栓塞。

那天，奶奶说爷爷用完厕所没有冲，爷爷说冲了，奶奶说就是没有冲，不信问张冰莹。妈妈说好像没有冲，爷爷一时失语，倒在地上，吓得妈妈赶紧打120，把爷爷送进医院。大夫说再来晚10分钟，就得准备后事了。

爷爷得的是高血压引起的脑栓塞，命是捡回来了，却落下了偏瘫。

妈妈吃着难以下咽的“狗食”，其状惨不忍睹，是不是太夸张了？

“我晚上还做吧？”我不怀好意地问。

我是哑巴吃黄连——有苦说不出。

我想让妈妈先提出来不让我做饭，就不算我违约了。

“不”字说了半截，被妈妈强行咽回去了。“好吧，你好不容易有了这个锻炼的机会，可要好好把握哟！”

唉，再狡猾的狐狸也斗不过好猎手。

妈妈隔岸观火，洞若神明。

“大海航行靠舵手，万物生长靠太阳……”妈妈只要取得阶段性胜利，都要唱这首歌庆贺。

“你知道米的妈妈是谁？”我突然一问，妈妈猝不及防，歌声哑了。我的效果达到了。我不能让她太得意，否则她就会从气势上压倒我。

“是稻？”她知道不会这么简单。

“是秧？”她再次答得都底气不足。

“是花。”我说。

“怎么会是花？花应该是果的妈妈。”她说。

“花生米。”我说罢就上学去了。

晚上放学，我准备了标准的“小四菜一汤”。

“什么叫‘小四菜一汤’？”妈妈的眼睛像问号。

“麻雀虽小，五脏俱全。没有炒菜，我把这叫‘小四菜一汤’，有问题吗？有问题提出来，我可以帮你解答，免费的。谁让你是我妈呢，花生米。”我故意拿白天的话气她。

“连个火腿你都切不囫囵，怎么当人老妈？”问号拉长了。

“我觉得挺好的。”我抬头挺胸。

妈妈草草吃两口就去看电视了。《还珠格格》，台湾琼瑶剧，煽情的，妈妈已经断断续续看了4遍半。她喜欢小燕子，我一点儿也不喜欢，整个一疯丫头。她还喜欢紫薇，我也喜欢，但我没时间看电视，也不被允许。

我收拾桌子，洗碗。

“把地拖拖，踩得多脏啊。”妈妈边看电视边笑，边嗑瓜子边给我下命令。

“有点同情心行不行？该我看会儿了，《双筒望远镜》快结束了，不看结局多遗憾啊。”我晓之以理，动之以情。

“地不拖别想看，‘四筒望远镜’也不行。”妈妈一只眼看电视，一只眼盯我，她的两只眼可以同时辐射不同的方向。

我叹着气把地拖了一遍。

“该我看了吧？”

“还有啥没干的没有？你的运动鞋洗了没有？都泡了三天了，再泡下去就要发霉了。”妈妈在搜肠刮肚。

“我就奇了怪了，我跟你签订丧权辱人的条约，就是为了自由。我人生最大的奋斗目标就是自由，我要为自由奋斗终生。就像一位烈士说的，不自由，毋宁死。可我奋斗了半天，还是受命于你，你叫我干什么，我就得干什么，凭啥呀？你应该听我的才对。你给我起来，该睡觉了，老妈的话你敢不听？”我浑身的血液都在沸腾，我在热血中煎熬。

“才10点多就睡觉？我再看一会儿，你在11点之前，我也不要求你睡觉，是吧。我再看一会儿，就一会儿，这一集看完就睡。”我从没见过妈妈这样低声下气，我一时还不习惯。

“不行，革命不是请客吃饭，不能乱讲条件，没有规矩，不成方圆。”我给她来个铁面无私。

“那好吧，我去睡了，你可不要喊我，别等我睡了又让我给你签字什么的。”妈妈服软了，可她的笑十分阴险。

签字？大事不好，我的作业还没做。天啊，明天老师不把我活吃了才怪呢。

“都怨你,一会儿叫我干这,一会儿叫我干那,我的作业到现在一个字还没动,我该怎么办呢?”我说着说着就大放悲声。

“我不写了,你给老师打电话。”

“没这一说,我平时都是干完家务再干自己的事。”妈妈平静得出奇。

我连继续大放悲声的力量都没了。

同院的熊心打来电话,约我明天中午打球,我支支吾吾半天,急得熊心直骂:“你怎么跟个娘儿们一样,说话吞吞吐吐的,是不是打得不好,怕人笑话?”标准的激将法,我恨得牙根都疼了,真想把他掐死喂猪,好在离得太远。

离得近我也不一定能掐过他,他练过柔道,比我高半头,体重多20斤,是标准的肌肉男。在学校,一般人不敢惹他。小朋友谁不听话,一说“熊心来了”一切都会OK。

“我明天还有事。”声音很低,他准能听出我在撒谎。

“工业酒精。”

“什么?”

“甲醇。”

“什么意思?”

“没看过郑渊洁童话?甲醇就是‘假纯’的意思。”熊心“啪”地把电话挂了,我气得想摔电话,看见妈妈在屋里,没敢。

“我郑重地向你宣布辞职。妈妈,我受不了。真的。”我像一个做错事的学生,站在老师面前,听候发落。

“咋说也得干完一个星期,你这样半途而废可不好。”妈妈有点幸灾乐祸,眼角的鱼尾纹一跳一跳的,似笑非笑。我看见了,鱼尾纹上还有俩麻子,也在跟着起哄。

“我认罚,你还是妈,你叫我朝东,我决不朝西,你叫我打狗,我决不撵鸡。”

“真的?”妈妈把腔调拖得有半里长。

“真的,出家人不打诳语。要不我给你唱首歌吧:妈妈妈妈快坐下,请喝一杯茶,让我亲亲您吧,我的好妈妈。”端椅子,倒茶,这是在幼儿园学的儿歌。

“你的辞呈我批准了,谁让我是你妈呢。”

“耶!”有没有搞错,妈妈也伸出两根手指。

祸兮福之所倚

——第一次当名人

世间的事物都是可以互相转化的,这个道理大家都懂。塞翁失马,焉知非福,说的就是这个道理;祸兮福之所倚,福兮祸之所伏,说的也是这个道理。

富人可以变成穷人,好人可以变成坏人,大人可以变成小孩,成绩好的可以变成成绩差的;同样,穷人可以变成富人,坏人可以变成好人,小孩可以变成大人,成绩差的可以变成成绩好的。

人干错事可以出名,人干好事也可以出名。人不怕干错事,就怕干了错事不改。干了错事改好了,更容易出名。我就是这样。

教师节那天中午,我说去上学,其实学校放假,我跑到同学家去打游戏了。我玩得昏天黑地,一抬头,钟表的时针已跑到“8”后面去了,我拔腿就跑,速度快得惊人,路上的汽车都被我吓得直哆嗦。

虽然我以比刘翔稍慢的速度跑回家,用诚恳的态度向妈妈道歉认错,可妈妈还是不依不饶,一人构成临时法庭,立即升堂开审。

她拿来一盏台灯,打开对着我,边问边记录。一定是电影看多了。

审毕,妈妈又特邀爸爸召开临时家庭会议,研究怎么判。

爸爸说:“我们不搞法西斯教育,不打,也不骂。死罪可免,但活罪难逃。你自选一个项目。”我懂,爸爸是要用软刀子杀人,软刀子杀人不见血。

“我认罚,你们说咋办就咋办。不给零花钱,不给饭吃,不让睡觉,不让去跟同学玩，都可以，总不会不让我上学吧？”我这是以守为攻，顺便探探虚实。

“那都不是办法，你们老师还有一招——写检查，一篇5000字的检查够你写一个星期的。我们没有那么残忍，你写篇文章吧，把你今天的事情如实地写出来，包括你的感受。”爸爸也当过老师，他对老师的治人之道再清楚不过了。他不让我做的事情，又要我说出来，是想从精神上摧垮我，属于攻心战略，上之上者也。意志坚强的人都怕攻心，何况我这草根学生？

“可以。”爸爸给的是单选题，我没有别的选择。

文章写完后，我就把这事给忘了。

过了一个多月，妈妈神采奕奕地告诉我：“儿子，你的大作发表了，祝贺你。”妈妈的笑容美得可以入选吉尼斯大全，声音微颤，洋溢着幸福的味道。

“什么大作？”我完全糊涂了。

“你上次被罚写的文章，在《金色少年》上发表了。”我此时感觉到母爱可以发射“神六”。能不能发射“神七”，还有待于观察。

“就我那文章也能发表？有没有搞错？”我心里美着呢，就是想谦虚一下。

“我们家有两个作家了。”妈妈的两行眉毛仍没有统一。

“还有谁？”这句话有骄傲之嫌。

骄傲也没什么不好，我伯伯说过：“骄傲不是坏东西，有些人把骄傲的意思给歪曲了，你想啊，有本事的人才有资格骄傲，没本事拿什么骄傲？没本事硬要骄傲，那是狂妄自大，是自不量力。”

“还有你爸爸，他也写过不少东西，你可别发篇文章就小看你爸爸，他写得也不错。”妈妈是学中文的，虽然也发表过不少文章，但她还是崇拜会写文章的人，其中就包括我爸爸。说不定就是看中我爸爸的这一点，她才“下嫁”他的。

会者不难，难者不会嘛。

“他算什么作家？写点新闻，就相当于我完成作业，完成作业也算作家，那地球上有50多亿作家。”我想说像我这样的才是作家，我们家目前只有一个作家，就是我，别无分号，没好意思说，只好拐弯抹角。

又过了几天，妈妈把发表我大作的《金色少年》拿回来了，好可爱的杂志，我喜欢死了。

我使劲儿吮吸着新鲜的墨香，好好闻耶，我敢说这是天底下最好闻的气味。

我像地质学家探矿一样在杂志里找我的大作，找到了！朱自清写的是《背影》，我仿照朱自清的《背影》写，叫《身影》。

我和《金色少年》无法用声带交谈，就用目光交谈，它一定在羡慕我这个才华横溢的少年，要不为啥总是看着我？

精致、华美、厚重、精彩，所有的形容词都通过墨香摩肩接踵、络绎不绝地涌入我的大脑，我都无法排列组合它们了。

“小嘛小儿郎，背着那书包上学堂，不怕太阳晒也不怕那风雨狂，只怕先生骂我懒哪，没有学问啰，无脸见爹娘……”

春风得意马蹄疾，一日看尽长安花。我可以一日看尽郑州花了。

人怕出名猪怕壮。

没出名的时候，总想出名，一旦出了名，又觉得麻烦，我很理解名人出门为什么总喜欢戴墨镜，不全是为了扮酷，更多的是为了减少麻烦。

《手机》里最经典的台词是“麻烦”，“麻烦”能瞬间蹿红，证明说到人们心坎里了。

写了《身影》之后，一发不可收，我一气发了40多篇文章，都是在省级以上报刊上发的。

同学们看我时，都是刮目相看，刮得目疼。

有的喊我作家，有的喊我大作家。老师在我的学期评定栏上写道：“你是我们班的高产作家，希望你再接再厉，早日登堂入室，获得诺贝尔奖。我拭目以待。”

我真担心老师把目拭坏了。

学生发表作文，班级可以加分，每到月底，班长就来找我要发表过的文章，给班里加分。我们班的分总是比别的班高出一大截，我在学校里名声大噪。

给班里加分，我有取之不尽，用之不竭的源泉。

每当女同学用可以杀人的“温柔眼”看我时，我都不敢直视，真怕自己抵挡不住。越是这样，“温柔眼”越多，还有人说我做人低调。人嘴两张皮，咋说咋有理。

名气一大，信也多了。

博爱的一个五年级女生给我写信，要做我的笔友。

信是我同桌莫鱼儿拿给我的，她非要看是谁写的，我想也不是什么见不得人的事，就让她看了。她看后认定是个女生写的，武小丽，听这名字就知道是女的。

实验中学的一个女生（也是莫鱼儿鉴定的）写信说我的文章不好看，没故事，情节展开得太慢。

“如果不服气，可以找我挑战。”有地址，有落款，有电话，有邮编，有邮箱。

我没有跟她挑战，我觉得她说得有一定的道理，三人行，则必有我师焉。

“这是一计，故意诱你上当，怕你不回信。不是臭你，是喜欢你，这叫由恨生爱，爱恨情仇，懂吗，傻小子！”我觉得莫鱼儿比我成熟，熟得有股醋味，我怀疑她家有酿醋厂。

“反正我不会去跟她挑战，写自己的文章，让她们去说吧。”我想甩一甩酷发，没有，只有酷头。

“我觉得你现在好帅。”莫鱼儿是小巧型女孩，长得一般，但身材不错，高高的，瘦瘦的，尤其是那对筷子腿，很匀称。但一张嘴就跌份儿，语不惊人誓不休。

放学后，我穿好校服，特意将校徽别好（我们学校是响当当的名校，上面有班级，还有名字），气宇轩昂地下楼。

坐车回家，车厢很挤。人多如鱼。有个美女，手里提个包子袋，嘴里吃着包子。韭菜馅儿的，我闻不得这味儿，直想吐。

有一个三十多岁的瘦男子总往我脸上看，我从没接受过这样的注目礼，有点不习惯。

我把头扭开，他勾着头看。

我想我脸上一定有灰，非常明显，非常刺眼，非常招蜂引蝶，要不回头率为啥这么高？虽说我长得帅了点，但离潘安还是有距离的。

有人从座位上站起来，我迅速地挤过去填空，屁股快挨到椅子时，我又站了起来，径直向车后部走去。那里人多，我想瘦男子的目光不会再跟踪追击了。在我立定未稳的时候，我发现瘦男子也挤过来了，我很不友好地剜他一眼。他也不恼，反而对我笑笑，这笑不能入选吉尼斯大全，但足可以备选。

“你就是李昂？”瘦男子还在笑，我想到雨果写的《笑面人》，我怀疑瘦男子是不是笑面人变的。

“是啊。我不认识你。”行不更名，坐不改姓。

“我在报纸上读过你写的文章。”他说得很夸张，仿佛鲁迅在车上被人认出来了。

原来是追星族，这么大年龄的追星族还不多见。

他要是提出签名要求，我是给他签还是不给他签？我下意识地摸摸我带笔没有，有，我就放心了。

这么多人，给他签，我像在耍大牌；不给他签，我更像在耍大牌，好难啊。

好在我想的事压根儿就没出现。

包子妞挤出人群，下车了。我猛吸两口气，把刚才少吸的补回来。

我紧紧地攥住椅背，怕瘦男子不遗余力地吹捧我，说我的文章如何如何好，“才高八斗，学富五车”，我得站稳了，别趴下。

好在他根本就没有往下说的意思。

怪人，真是怪人。

你也不想夸我，也不想索要签名，目光为啥一个劲地缠着我？我刚找到点感觉，胃口已被吊起来，这不是折磨人吗？

车离终点越来越近。

一直到下车，他再没跟我说过话，我故意往他那边蹭了蹭，怕人挡着我，他看不见。我发现我们之间一个人也没有。

“还有一站就到终点了，大家请做好下车准备。”车长在提醒。

我挤过去他也不说话，用鲁迅的话说，我有点“出离愤怒”了。送上门的名人，你爱理不理，岂有此理！

他做好了下车的准备，我也做好了和他说再见的准备。我想他车上不说算了,下车总得和他的偶像说声拜拜。

他没有,从容地下了车,就像车上没我。

“再见!”急了,我跟他说了声再见,我真的希望再见到他,在这芸芸众生中,不认识我,又能一眼认出我,他是第一个。我上哪儿去找这样的知音?

他没听见,自然没跟我说“再见”。

如果说十二岁这一年有什么遗憾的事,这不能不说是一件。

郁闷，巨郁闷

——第一次学雷锋

3月是学习雷锋月，老师让我们每人做一件好事。

雷锋如果知道今天“学雷锋”被当作硬性任务摊派，他一定会难过的。

今天是3月30日，我的好事还没做。幸好3月是31天，要是30天可就麻烦了，要是跟2月一样是28天或29天可就更完蛋了。

放学了，同学们像开心的燕子一样开始回窝。几个同学在教室里打扫卫生，我拿起扫帚帮他们扫地。温心像被火烧着似的看着我，然后对我说：“你已经值过日了，今天该我们组，请你离开。”温心是卫生委员，也是三组的小组长。

教室里被扫得狼烟四起，呛得人直干咳。大家都在起劲地干着不同的活，和平时的干劲明显不一样。我都有点忌妒他们了。

“值过了再值一次不行吗？”我自认为跟温心的关系还不错，她总不会硬赶我吧。

“不行，该谁值谁来值，要不就乱了。”温心一副公事公办的样子。

墙上那张著名的招贴画，上面有“向雷锋同志学习”几个大字。每个字都像在嘲笑我。

我想跟温心解释，可我没法开口，总不能说我的好事还没做，你给我提供个机会吧。这样说多丢份儿啊，别人会想你连个好事都不会做，真没本事。

“对待同志要像春天般的温暖，对待工作要像夏天一样的火热，对待个人主义要像秋风扫落叶一样，对待敌人要像严冬一样残酷无情。”雷锋的话，印在另一张招贴画上。我是温心的敌人呢，还是同志呢？

“要不我替你扫，你回家，可以吗？”我近乎央求。

“那不行，我好不容易才轮一次，让给你，想得倒美。”

“我要是非扫不可呢？”

“你是不是有病！人家不让你扫，你非要扫。你再不走，我告老师去。”温心的两道眉毛开始不统一了。她没把我当同志，而是当敌人了。

蓝天、白云、燕子、喜鹊，快乐是它们的，我什么也没有。

我在学校里转悠，想看看清洁工走了没有。如果她还没干完活，我可以帮她干，这总算是干好事吧，她总不会像温心一样把我当敌人拒绝我吧。

我在学校转了左三圈右三圈也没见到清洁工的影子。

郭校长(女的)看见我，问我：“咋还不走？天黑了不安全。”

我撒了一个谎，说：“等同学呢。”

这也是被逼无奈，我总不能说我在找好事干。我唱着校园流行的改编歌，无奈地走出校门。

来到大街上，我开始找好事。看有没有叔叔拉车，我帮他推车。平时拉车的叔叔很多，今天他们都休息了吗？怎么一个也看不见？

如果有外宾，我可以给他引路，我的外语还不错。“需要帮忙吗？(May I help you?)”“我给你带路吧？(May I help you to lead the way?)”“我帮你做翻译吧？(May I translate for you？)”

我的德语一般，只会几句，日语还不如德语，只听过几句。俄语的水平更烂。

我最棒的是英语。别看是小学生，《新概念英语》我都快背完了，还专门跟老外训练过，当个翻译绰绰有余。

爱因斯坦说，人每天有六个机会，就看你抓住抓不住。

人家都说机会是给有心人准备的，我准备了这么多，可是没有外宾，我给谁当翻译呢？

“May I help you？May I help you？May I help you?”我学着交警的样儿，

在一个没有人的路口指挥交通,带“外宾”过马路。

我又来到一个十字路口,这里车水马龙,我想来个守株待兔。看有没有盲人过马路,我牵他;看有没有小女孩过马路,我拉她;看有没有妇女大包小包地提东西,我帮她,最好是我认识的,别人我怕她不让。

机会来了,有个老人一瘸一拐地要过马路,红灯长得烦人,绿灯一闪,我飞奔过去。晚了,一个警察正拉着老人往这边走,我说让我拉吧,警察白了我一眼,让我招呼好自己。

我都有点儿恨那个警察了,干吗跟一个孩子抢啊,总得有个先来后到吧。我在这儿等了半天,好不容易等个机会,被他抢先了。

开始我想不明白,老天爷为啥这么不公平,后来我想明白了,一定是警察也要学雷锋,也要做好事,怕明天没机会了,领导吵他。可他们天天在大街上,机会多呀,把这个让给我也没关系。

我郁闷,巨郁闷。

我低着头往家走,一边走,一边想,要是有人丢了钱让我捡到,我就想办法送给失主,或是站在原地等,直到等来失主为止,可地上连一毛钱也没有。要是有人贴小广告,我就给他讲道理,把他贴的小广告全部揭掉,一个不剩,可贴小广告的没有来,平时倒是挺多的。以后要是遇到提前揭一些,等明年学雷锋时再用。

晚上,我吃得很少,江米甜酒是我最喜欢的,妈妈给我盛了一大碗,我只喝了一口就放下了。

这事搁你身上,你能吃得下吗?

妈妈问我是不是不舒服了,我当然不舒服,可我没法说呀。妈妈用手摸摸我的头又摸摸自己的头,然后说不烧啊。

我回到自己的屋里,半天没写一个字,哪写得进去呀?我瞪着天花板,天花板瞪着我,我们就这样大眼瞪小眼,瞪得眼发酸。天一亮就是最后一天了,怎么办呢?

想着想着我就睡着了。

一个老爷爷推着车艰难地走着,又赶上上坡,走一步退两步不如不走。我飞奔过去,两条胖腿一使劲,车上去了。老爷爷笑了,好开心,我也好开心。

等发觉是梦的时候,我好累好累。

一觉醒来,作业一个字还没动,胡乱画两下,对错无所谓。要是做好事的任务没完成,作业就是做得像天仙那样漂亮又有什么用呢?

我把闹钟定上,4 点半。闹铃一响,我一骨碌爬起来,最多 0.01 秒,是我起床历史上的新纪录,再想打破恐怕就难了,因为这个纪录实在是太高了,约翰逊望尘莫及,刘翔更是门儿都没有。孙悟空,不好说。他不是人,不算。

脸没来得及洗,只用干毛巾擦了一下,太用劲了,好疼。

我背上书包就出发了。我要争分夺秒,趁着大家还在做梦的时间把我做好事的任务完成了。我选了一条平时不走的路,开始搜索。没想到这条路的好事也很贫乏,难道是我选的路不对吗?

正在我心灰意冷的时候,好事来了,我喜出望外,想奔走相告,这么早也没人听。还是稳妥点好,万一哪个小学生跟我一样,任务没完成,跟我争起来了,过了这村可就没这店了。万一警察来了,他也没完成任务,我能争过他吗?

我决定只喜出望外,不奔走相告。

我发现一个窨井,盖子让人偷去了。这一定是贼干的,报纸上登过,贼偷走窨井盖,卖到废品收购站。

我把书包取下来,放在窨井旁边,提醒行人注意。书包太小,不显眼,我把上衣脱下来,用手举着,时不时地舞几下。没多大一会儿,我的胳膊就酸了,手也麻了,看来这还是力气活。我舞一会儿歇一会儿,反正也没有人监督。在学校听课有老师监督,在家写作业有爸妈监督,这会儿没人监督,我觉得挺自由。

天慢慢亮起来,太阳偷偷地露出了小脸。

我急需解决两个问题:一是快到上课时间了,是走还是留,我无法定夺。二是我在这儿守了几个小时了,也没有一个熟人经过,谁会告诉学校我在这儿干了好事?总不能让我自己去说吧,那多跌份儿!

雷锋同志做好事不留名,我满世界地喊我做好事了,和雷锋精神也不符。最好有个骑车人或者司机能给学校写封表扬信,那我就露脸了。可是大家都在着急赶路,没人顾上看我一眼。

我后悔选择了这条路,要是平时我常走的路,熟人多,总有人帮着带个话,再不行,可以让妈妈装成路人给学校写封信,这也不算弄虚作假,我确确实实干了好事。

要不给妈妈打个电话,让她过来一趟?可我没有钱,也没有手机,我们班大部分同学都有手机,我没有,我不想让爸爸给我配,觉得那是浪费。

我没有手表,也不知几点了,手表也没让爸爸配。我想找个人问问,可一个个跟躲 SARS(非典型肺炎)似的躲着我,做个好事咋这么难呢?

上班的人流已经涌过去了,只剩下些散兵游勇。我感觉离上课的时间越来越近了,说不定已经上课了,怎么办呢?我手舞动的频率开始减缓。

我觉得自己要是个女孩就好了,最好是倾国倾城的那一种,回头率高。不倾国倾城也没关系,总会倾自己。一本书上说,所有的女人都有两大特点:衣服再多,也觉得自己没衣服穿;姿色再少,也觉得自己的姿色多得用不完。

一个环卫工人走过来,问我:"是不是学校放假了?"

我说:"不是。"

他说:"你咋还不去学校?"

我说:"几点了?"

他认真地看了下表,说:"7 点 50 了。"

我的妈呀,这还了得,好事没人知道,迟到了老师可是知道的。

我来不及跟环卫工人说声谢谢,骑上车子跑得小辫子都直了。还没进校门,已经听见上课铃响了,天呀,我死定了,而且死相一定很惨。

语文老师脸上蓄满了愤怒:"你怎么来得这么晚?"

我无言以对,不知道该如何对老师说。

语文老师的脸上蓄满了愤怒的平方。

"你不老实,来晚了还不告诉老师原因,你这是和老师对抗,先罚站,下午让家长来学校一趟。"我像听到了死刑判决。

我根本听不见老师在讲啥,只记得黑板上写的好像是《窦娥冤》。我比窦娥还冤,苍天要是有眼,也会下大雪的。谁能体察我的冤情?

4 月 1 日,学校召开大会,总结学雷锋活动。

郭校长表扬了我们班的范小曾,他给孤寡老人搬过煤;表扬了温心,她在社区做了一天义工;表扬了李木森,他给邻家的小孩补了一次英语,他的英语比我差远了,他口吃,读出来一定吓死人,不知他的邻居怎么敢把小孩交给他做试验品?

表扬结束了,郭校长没有点我的名字,我成了无名英雄。明年再说吧。

郁闷,巨郁闷!

我不想说我是鸡

——第一次演出

六一儿童节那天，我们学校组织去看望智障儿童，坐了好几个小时的车，来到一个我们谁都叫不上名字的地方。油漆斑驳的大门上，有儿童村标志。老师说这里的儿童都有残疾，大家不要歧视他们。

范小曾说："他们不歧视我们就不错了。"一句话把大家都逗笑了。

我们把带来的食品、衣物、书籍送给他们。一个小女孩拿起我送的《童话大王》就撕，脸上还挂着笑。

"她为啥不喜欢看书？"我问班主任王老师。

"她不是不喜欢看书，而是不会看书，她这儿有点问题。"老师边说边指头部。

"那我这不是送错东西了？还不如送她一袋面包。"我挺后悔的。

"也不一定，她撕书也挺快乐的。"王老师耐心地给我们解释。

老师真伟大，做什么事情都能找到理由。

"就像你送给朋友一条鱼，是把这条鱼吃了还是养着下小鱼，这是朋友的事，你就管不着了。"王老师又作了一个比喻。

要知道是这样，我应该送他们旧书，一样撕着玩，新书留着自己看多好啊。反正是送过了，再后悔也没用了。

这次的演出阵容很豪华。我们班学文艺的同学特别多，其他班的班主任恨得牙根都是疼的，每次唱歌比赛，我们班都是第一，跳舞比赛从未得过第二。我们班同学的业余考级都在8级以上(含8级,且大多为8级)。我们班主任是幼师毕业,专攻舞蹈,她跳的很多舞蹈我们听都没听说过,更不要说见过。

儿童村的李老师接待了我们,她指挥儿童村的小演员演第一个节目。

舞台上的灯光熄灭了。一群白衣白裙的小天使,手拿白色的蜡烛,缓缓走上台,他们齐声高唱《爱的奉献》。这是专门唱给我们听的,算是对我们的答谢,也是对我们的鼓励。歌声尽管很稚嫩,但从他们这些特殊孩子的嘴里唱出来,仿佛天籁一般动听。

又换了一群孩子,在老师的带领下表演手语《感恩的心》。很不错的,一看就知道下过功夫。

王老师说:"这里没有钢琴,我们可以多搞些合唱,无伴奏童声合唱,一定能收到意想不到的效果。"

我们先唱了《同一首歌》,这是现在最火的歌,无数的大腕都领衔主唱过。儿童村的孩子对旋律很熟悉,有的孩子在和我们一起唱。接着是《喀秋莎》《小白菜》。

"黄鼠狼掀门帘——我给你们露一小手。"范小曾是主持人,他第一个放炮。萨克斯独奏《回家》让胖子范小曾吹得荡气回肠,孩子们顿时兴奋起来。

"有啥呀,看我们的,上,熊心。"莫鱼儿不甘寂寞,主持人还没报幕,也没轮到她,她就拖着熊心上去了。《达坂城的姑娘》,熊心唱,莫鱼儿跳。莫鱼儿颇有新疆姑娘的神韵,她把动作尽量地夸张放大,脖子扭得跟摇拨浪鼓一样,还不时地对着小朋友抛飞眼。

熊心被莫鱼儿传染了,他走下台,把话筒对着小朋友们,让他们唱。他和小朋友握手,简直把自己当明星了,演完了他还赖在台上,大呼过瘾。

温心会唱好多歌,中国的,外国的,中文的,英文的,她都会唱。曾经想去参加超女比赛,被她爸爸扼杀了。她唱了一首《哆来咪》,觉得不过瘾,又唱了一首《雪绒花》。

"王老师,该你斗牛了。"范小曾开始点将。

王老师最擅长的是跳西班牙斗牛舞,她也不客气,简单地一收拾,一个温文尔雅的淑女转眼间变成了风情万种的西班牙女郎。她故意把头发弄乱,还拉了一个小朋友和她共舞。孙大意和孙小意都是学艺术的,他们主动加入斗牛阵营,别看这仨人平时轻声细语的,斗起牛来疯劲十足,小朋友们直拍手,这是对我们的最高褒奖。

李木森说:"感觉有些不够尽兴。"

"你说怎么办?"范小曾知道,李木森口吃,大脑反应也慢。

李木森走上台说:"我不是残疾儿童,但我特别……理解你们。我口吃,没少遭人白眼,我嘴上不说什么,心里比谁……都清楚,我的心……在滴血。既然来了,我想给大家……留下点什么,留下点什么呢?我和主持人……商量过了,准备搞个……小型拍卖活动,姜太公钓鱼——愿者上钩。"没见李木森一次说这么多话,他说自己是思维快于表达的人。

范小曾说:"我把这只金话筒卖了,起拍 10 元。这可是名牌话筒,从北京带回来的,走过路过,不要错过,来,瞧一瞧,看一看……"

"你这哪是拍卖,整个一卖大力丸的。这话筒是学校的财物,怎么能拿来拍卖?"莫鱼儿急了。

"哎,莫鱼儿,你凭啥说话筒是学校的?问问王老师,是不是我从家里带来的。你是狗咬吕洞宾——不识好人心。"

"9 元,我要了。"熊心夺过话筒。

范小曾又把话筒夺回来:"没见过你这号的,连一点常识都不懂。让我先给你扫扫盲,免费的。拍卖有起拍价,每一次往上加,谁加得最多,谁得到拍品。从来没听说往下减的。"

"这也是一种尝试,没尝试你怎么知道不行?我是第一个吃螃蟹的,以后的拍卖就有两种了,一种是加的,一种是减的。"熊心又把话筒抢过去了。

"我看你是吃了熊心豹子胆了。"范小曾又夺回话筒。

"我吃了熊心,所以我叫熊心,没吃豹子胆,不过这不耽误我竞拍。其实我也不要,我是想把话筒拍下来,留给儿童村。"熊心说出了心里话。

"兄弟,你怎么不早说呢,知音啊,千古知音最难觅。这样吧,话筒的起拍价是不能减的,要不我以后还怎么行走江湖?我们俩一块儿买下这个话筒,AA 制,每人 5 元,也就是说你给我 5 元钱,这话筒算咱俩捐给儿童村的,行不？”范小曾的想法得到了熊心的勉强同意。

李木森把他的铅笔拍卖了，我把电子表拍卖了，莫鱼儿把化妆笔拍卖了，王老师把纱巾拍卖了。

最后出现了谁也没想到的结局，拍卖所得的105.3元钱全都捐赠给了儿童村，所有拿出来拍卖的物品没人带走，也全捐给了儿童村。

李老师泪花盈盈：“孩子们会记住你们的。”

压轴戏是我的小提琴独奏。

“小提琴独奏，《我不想说我是鸡》。用《外来妹》的曲调唱，会唱的我们一起唱。”我说。

“我不想说我很清洁，我不想说我很安全，可是我不能拒绝人们的误解，看看紧闭的圈数数刚下的蛋，等待被扑杀的危险。吃我的肉我没意见，拿我的蛋我也情愿，可是我不能容忍被当作污染，想想命运的苦擦擦含泪的眼，人的心情我能理解。一样的鸡肉，一样的鸡蛋，一样的我们咋就成了传染源，禽流感，很危险，谁让咱有个鸟类祖先。孩子他爹已经被处决，孩子他哥抓去做实验，这年头做只鸡比做人还艰难，就算熬过今天就算过了明天，后天估计也得玩儿完……”

孙大意声音哽咽，孙小意也跟着抽泣。他们这一哭不当紧，像一阵秋风刮过，所有的女同学都哭了，连王老师都在抹眼泪。

男生中有人哭，是李木森。我弹琴的手在颤抖，我的心在滴血，眼泪模糊了我的双眼。

小朋友们看见我们哭了，也一个个哭起来，他们哭得好响好响。

最后的祝福语，也是原歌的祝福语：

“2005年过去了，希望一切不美好都能过去，愿天下所有的小鸡、小鸭、小朋友们都能健康成长，愿世界充满健康和平，人不能没有鸡的世界！”

回去的路上，王老师对我说：“这是我见到的你最好的一次演奏。”

小心鸟在你头上拉屎

——第一次进京演出

王老师宣布:“我们被批准可以进京演出了,所有的费用都由妇女儿童活动中心出。大家一起努力哦!”

晚上爸爸、妈妈联合跟我谈了一次话。

“练了四五年的琴,现在总算开花结果了。我和你妈都想亲临现场观看,可情况就是这样,我们也没办法,你只有自己照顾自己了。不过这也是锻炼你的绝好机会。人家都有家长陪,而李昂不用,显得李昂多牛啊!”爸爸先开了腔。

“妈妈真的舍不得让你一个人去,你从来都没单独出去过。要不是这该死的病,我说啥也会和你一起去。”妈妈说着说着就下起了毛毛细雨。

“没事的,老妈你不用操心,好好养你的病。说不定等我回来你病就好了,给我做炸鸡吃。”我何尝不想让妈妈跟我一块儿去,可妈妈刚做过胆结石手术,伤口还没长好,腰上还带着接污血的袋子。我毕竟是男子汉,不能太小家子气了,更不能让妈妈伤心,安慰妈妈是我义不容辞的责任。

“多带点钱,在家千日好,出门一时难。”爸爸想用钱补偿我,我没要。我说我不花钱,钱留着给老妈治病。听我这么一说,妈妈由泪眼婆娑转眼就下起了雷阵雨。

妈妈头天晚上就给我准备好了行囊,第二天她还是强迫我带了 100 元钱,并把我送到妇女儿童活动中心,直到我上了去火车站的汽车。

送行的队伍好壮观，毕竟都是小学生，毕竟大多是第一次出远门，内容丰富的天空代表了大家不同的心情，阳光代表我们的欣喜，乌云代表家长的牵挂。见到这场景，杜甫定能写出新的“三吏（离）”“三别”。

我们住的地方是通州，离北京还挺远的。据说宾馆是三星级的，在我们看来已经很不错了，反正又不要钱。一到宾馆大家都老实多了，在这儿人生地不熟，谁也不敢瞎跑，万一跑丢了，可不是闹着玩的。

我和妇女儿童活动中心的张书记住一屋。因为每个学生都有家长陪着，我没有，张书记说她要做我的临时监护人。

张书记是个年近60岁的老人，比我爸妈年龄还大。她身材高大，声音洪亮，人很谦虚，和她的地位略有不同。有人说当官的都不好打交道，我看张书记就不是这样的人。

“我们这里最勇敢的当然是小李昂了。别人都有家人陪，而你单枪匹马闯北京，像个男子汉。我喜欢。”张书记和别人就是不一样，连夸人都这么直来直去，幸好“我的脸皮厚得跟城墙一样”（妈妈语），换成一般的人还真受不了呢。

我用张书记的手机给妈妈打了个电话。妈妈听见我的声音，只说了一声“儿呀”就哽咽了。我的心里也酸酸的，可我是男子汉，一定要控制住雨量。

早上起床，我又抓紧时间练了一会儿。临阵磨枪，不快也光。练着练着，“啪”，弦断了一根，还是一弦，我大惊失色，让王老师知道不把我生吃了才怪，尽管我有点肥。

我顾不上吃饭，连脸都没洗，就上街买弦去了。走了一条街又一条街，不要说乐器店，连开门的店都没几家。

街上冷冷清清，少有人走动。只有一条脏兮兮的狗在匆忙觅食，我从它旁边过时，它好奇地打量我，吓了我一跳。

别人看我，估计就像我看这狗。

早上的风凉凉的，可我满头大汗，也顾不上擦，脸上有汗又死不了人。

不知走了多长时间，也不知走了多少条街道，等我想往回走的时候，发现来时的路已忘记了。

My god!

我想给老师打电话,可我没手机,也找不到公用电话,更严重的是我压根就没记老师的电话。

我真恨不得回家算了,像我这样的人,成事不足,败事有余。

爸爸经常吵我,说我“不细心,总在关键的时候掉链子”,这回应验了。不听老人言,吃亏在眼前,也应验了。

我摸摸口袋,钱倒是有,可只是些零钱,整钱都让妈妈缝小裤衩里了。

“钱在外面口袋里,要是让小偷一窝端了,你就惨了。”妈妈“临行密密缝”,原来古人说的就是这个意思。

太阳的脸涨得通红,是为我而害羞吗?

前面有两棵古桂树,一棵是金桂,一棵是银桂,枝繁叶茂的。我真想过去靠着树休息一会儿,就像在家靠着妈妈的肩。我想妈妈了!

一辆警车猛地停在我的前面,挡住了我的去路。北京的警察真有礼貌,走下车“啪”地给我敬个礼,问我为啥一个人大清早在这儿瞎逛,估计他把我整个当一盲流了。回不到宾馆,我和盲流有区别吗?

我把事情的原因经过全说了一遍,警察的脸上出现了笑容,他应该是相信了我的话。

本来嘛,哪有这么聪明漂亮的盲流!

“你记得宾馆的名字吗?”我说记得。

“你可以打的回去。”智者千虑,必有一失,连我这绝顶聪明的人也有想不到的时候,我怎么没想到打的呢?不过,我带的钱不够。

警察见我面有难色,说:“是不是钱没带够?要不我送你回宾馆吧。”我都想喊“警察叔叔万岁”了。

“谢谢叔叔。”正巴不得呢。我一个箭步冲上了警车。

回到宾馆的时候,大家都已集合好,准备去人民大会堂。

“你干什么去了?”一看见警车,王老师非常紧张,花容顿失。她可能以为我犯事了,让警察逮住了。

张书记吓得脸都变色了。“你怎么不跟我说一声,一个人就跑出去了?你怎么跟警察在一起?”领导的政治觉悟就是比一般人高。

我不知该回答谁的话好,也不知道该从何说起。弄清了事情的原委,王老师如释重负。张书记嗔怪地拍了一下我的头。

"真是傻得不透气。你为啥不跟我说,我这儿有备用弦。"我一个劲儿地对王老师和张书记打躬作揖。

王老师把我拉上车后,给我换弦。

望着远去的警车,我的心扑通通乱跳。好险啊!

演出是在人民大会堂隔壁的一个礼堂里。院子里站满了人,清一色的学生和老师。学生都带着乐器,各式各样的,以小提琴为最多。

大赛前的严肃劲儿一点也看不出来。毕竟是一群没长大的孩子,叽叽喳喳的,像一群刚出壳不久的鸟儿,见什么都新鲜,对什么都感兴趣。

王老师将我们安排在一个人不多的角落里,等待进入礼堂。

"听说中央音乐学院的教授也会来观看,同学们要好好表现,要是被教授看中了,不说直接保送中央音乐学院,能到音乐学院附中深造也不错呀。"王老师说得很轻松,但也不像是开玩笑。

王老师很年轻,很时髦,穿一袭粉色长裙,和我们的白色演出服形成鲜明对比。人们说的鹤立鸡群,大概就是这样。

王老师出自名校,光在武汉就学了四年小提琴。她父亲是豫剧三团的首席小提琴师,王老师也算女承父业,自幼跟父亲学琴,吃了不少的苦。据说她父亲比她严厉多了,出了差错,就得打屁股。"不吃苦中苦,难成人上人",这是她父亲的口头禅,她也经常把这句话搬到课堂上。

她平时根本不开玩笑。我原来只知道妈妈严厉,见了王老师后,我觉得妈妈够宽容的了。

下面的话,我一句也没听见。我在想音乐学院的教授是什么样子,会不会来,来了会不会看上我,怎样才能让他把目光定格在我身上……

我喜欢北京,做梦都想来北京上学。"不到长城非好汉",我一定要当好汉。

我的一个同学去年就考到北京来了,她是学舞蹈的,长得跟仙女似的,又苗条又好看,一笑俩酒窝。特别是她的那双红舞鞋,简直迷死个人。我经常梦见她成了公主,穿着那双红舞鞋跳舞,伴舞的是白马王子……

她走了以后,我发誓也要来北京上学。这不是天赐良机吗?天从来都没赐过我良机,这次也许看我聪明,赐我一个良机?

我把墨镜从书包里掏出来戴上,把近视镜装进书包。感觉还缺些什么,不够酷,再装备也来不及了,有了,我把化妆师精心打造的发型,稍稍揉得乱些,还拉几根头发耷拉在脑门上。我偷偷地对着玻璃照了照,还行,这"酷头"一定能吸引住教授的眼球。

舞台好大,是我见过的最大的。大红条幅挂在上方,摄像机一眨不眨地盯着台上。有人说,拍下的带子要拿到中央电视台去放。也不知教授能不能看见。

摄影记者像辛勤的小蜜蜂不停地在舞台两边穿梭,他们酿的"蜜"会登在报纸上。王老师说过,河南的报纸也会登。到时爸爸妈妈、爷爷奶奶、叔叔阿姨都可以看见了,我的同学也可以看见,真得!

好几个队都表演过了,该轮到我们了,央视名嘴月亮姐姐用她那甜甜的嗓音款款说道:"下面是小提琴合奏《江南春》,演奏者河南省小提琴合奏团。"

我往台上走的时候戴的是墨镜,看不清,绊了一下,幸好没绊倒,要不然这丑可丢到首都来了。

演奏的时候,我从来没有这样认真过。动作的幅度比平时大,摇头晃脑的,非常夸张,也不知教授看见没有。

下来后我问王老师教授坐在哪儿,看我们的节目没有,王老师笑而不答。

被我问急了,她用手弹了一下我的脑门,装着生气的样子说:"你以为你那些鬼点子能逃过我的眼睛?老师也不是吃素的。你以为戴个墨镜教授就看上你了?那教授也太没品位了,交给他我还不放心呢。好好的头发,你非得把它弄乱了,跟鸟窝似的,小心鸟在你头上拉屎。"

"教授到底来了没有?"我又问了一遍。

"没来,教授临时有事。来了也不会看上你。"听了老师的话,我感觉脚脖子都凉了。

有人在和月亮姐姐合影,千载难逢的机会,错过了会后悔一辈子。我穿过人墙,以迅雷不及掩耳之势挤到月亮姐姐的身边,让张书记为我拍照。月亮姐姐看见我,对我嫣然一笑,将我拉近些,用手扶着我,让摄影师给我们拍合影。

“小伙子表现得不错,激情四射,活力无限,好好练前途无量。”月亮姐姐夸我了,当着这么多人的面,我恨不得在地上打几个滚儿。就是来不了北京上学也值了,月亮姐姐可是中央电视台的大牌,是小朋友的绝对偶像,能近距离地接触自己心中的偶像,还有什么比这更爽的事情?

“月亮姐姐,I love you!”我激动地说。

“I love you,too!”月亮姐姐的笑里带着蜜。

向前进，向前进

——第一次骑车远行

自从闯荡上海滩以后，我们几个人的心就野了，成天想着去哪儿玩。外面的世界真精彩，哪像学校，成天就是学习学习再学习，单调乏味。

期末考试刚开始，袁圆神秘地对我说："我有个想法，不知当讲不当讲。"这家伙总是这样，喜欢卖关子，成天抱着历史书籍看，张口之乎者也，闭口唐宋元明清，酸得掉牙。

"有话就说，有屁快放。"我最看不得他这酸样。

"我有个宏伟的计划，敢保惊天地，泣鬼神。"袁圆摇头晃脑一字一顿地说。

"你会说人话不？光吃人饭不拉人屎，再不说我可走了。"我是个脾气急了能点着火的人，说着说着就拉开了准备走的架势。

"咱们去开封玩吧，我姥姥家在开封。"我想他要说啥呢，半天憋出这么一个屁来。开封我去过N次了，谁稀罕再去那么个地方玩？

"你没发烧吧，大白天说胡话。"我学着电视上的样子，用手去摸他的脑门儿，看他发烧不。

"你听我说嘛，咱不坐车去，咱骑车去。然后在我姥姥家小住几天，边玩边写作业，唐宋元明清，还有比这更爽的事吗？"

我先是一愣，然后一拍他的肩膀，说："好小子，这主意不赖，你咋不早说呢？"没防备的他差点让我拍趴下了。

考完试就等着放暑假。重新想起去开封的事时已经放了假,同意去开封的人变成了死党陈沉和上上,他们都是我老爸同学的孩子。当我说起想和同学骑车去开封时,他们两眼放光。

“咋不早说呢?”俩人异口同声。

说干就干,我给袁圆打电话,他不在家。

“我们自己去吧!”陈沉和上上急不可待。

我说再找一个同学,“咱们四个一起去,打个牌呀什么的也方便”。他们俩觉得有道理,我又给金来打电话,他是我在采访时结识的小记者。金来听了我的计划后,一连说了仨“可以”。他还不放心,又亲自跑到我家,四人一起敲定了出行的细节。

“老妈,我要去开封。”我对老妈说。

“不年不节的,去开封干什么?”老妈正在专心看韩剧,说话时连头也没回。这是她的招牌语言。凡是和学习有关的,她都无条件支持;凡是和学习无关的,她都无条件反对。

“我们要骑自行车去。孟子云,凡欲成大事者,必先苦其心志,劳其筋骨,饿其体肤。我也要成大事,挣大钱,回来好好孝敬你。你现在得给我锻炼机会。”我的这一套酸词是跟袁圆学的,主要是想让此次活动跟学习联姻,能得到老妈的同意。

再说,去开封还得有辆变速车,她若不同意,谁给我买变速车?

“跟你爸商量去。真是有病,病得还不轻。”老妈絮絮叨叨,嘴里嘟囔着,眼睛仍不离电视。

“得令。”我飞快地跑去找老爸。老妈只要说“找你爸商量去”,这事就算是默许了。

不出门不知道出门的难,不骑车不知道骑车的苦。

诗圣杜甫有“三吏”“三别”,我们有“三难”“三苦”,写出来保准儿也能惊天地,泣鬼神。

“三难”包括解手难、修车难和协调难。

“农村是个广阔的天地,在那里是可以大有作为的”,这是伟人的话。大有作为,也要分对象,我们就不行,不要说有作为了,就连解手这点小事都解决不了。

骑了一个多小时后，上上要解手，我们一边骑车，一边寻找厕所，找了足有5公里也没找到。

柏油马路被晒得软软的，单调地伸向远方，远得不知尽头。行道树无聊地傻站着，连风都不扇。蝉烦躁地鸣叫着，让人心烦意乱。

活人不能让尿憋死。

“请问哪儿有厕所？”上上问一个小姑娘。小姑娘说家里有，上上以为听错了。

“请问哪儿有厕所？”陈沉问一位大爷。大爷说到处都是厕所，陈沉不相信自己的耳朵。

“请问哪儿有厕所？”我问一个阿姨。阿姨跟我妈年龄差不多，就是没我妈好看。阿姨说我们这是农村，比不得你们城市，找个没人的地方就可以尿。

夏天太阳直射，是个流火的季节。两边地里的庄稼肆无忌惮地疯长着，空间全被又浓又密的绿色霸占着，绿肥红瘦，此之谓也。经太阳暴晒的高粱蔫蔫的，耷拉着脑袋，懒洋洋地杵在那儿。

我感觉车座像个催尿的装置，每骑动一下，都会从下到上挤压超载的膀胱。

上上走到树后，他跟做贼一样，不敢尿。

“没事，尿吧。”上上试了试，尿不出来。

“你们帮我围个圈，我实在是不习惯。”上上憋得脸通红。上上在圈里才勉强解决问题。我们也都解决了问题，轻装上阵的感觉，真爽！

解完手，我们准备大有作为，撒欢儿跑了一阵子。

我想到在爸爸的书上读过这样一首诗，就扯着嗓子朗诵开了：“秋天到，秋天到，田里庄稼长得好。棉花朵朵白，大豆粒粒饱，高粱涨红了脸，稻子笑弯了腰。……”

小眼镜上上一手扶把，一手扶眼镜，也和了一首：“秋风到，秋风到，地里高粱长得壮。橘子颗颗红，西瓜个个胖，石榴撑满了肚，芒果换上了装……”

胖金来抹不及汗瀑布，嘟囔道：“什么乱七八糟的，这是夏天，好不好？”

我们觉得离秋天还远，虽然“少年不识愁滋味”，也不再“为赋新词强说愁”。

忽然，我的车带破了。车子像泄了气的人一样瘫倒在地上，扶也扶不起，推也推不走。

“你等着，我们去找修车的。”金来的心胸和人一样宽，他骑上车往前跑了，我们知道后面没有修车的。

路旁的狗汪汪地叫着，叫累了就吐着舌头大口喘气，躲在树荫下，和我“相望两茫茫”。

左等右等也不见金来，我怀疑他是不是丢下我不管了。要是他直奔开封，可苦了我了，在这前不着村，后不着店的地方，叫天天不应，叫地地不灵，连狗都不搭理我。

我盼星星，盼月亮，只盼着深山出太阳。在我快绝望的时候，胖金来气喘吁吁地回来了，脸上除了汗还是汗。

“找到修车的没有？”我都快急死了。

“找倒是找到了，可离这儿有一里多地，我们怎么去呀？你这车又不能骑，推着走估计不行，就是行，推到猴年马月了。”胖金来比我考虑得清楚。

“你咋不让修车的一块儿来？”瘦高个陈沉问。

“他不来，怕耽误工夫。”胖金来像泄了气的车带。

“有两条路可走，看哪一条是捷径。”小眼镜上上说。

“快说。”我比谁都急。

“一个是去买胶水，买锉，买旧车胎，我会修。”真是人不可貌相，海水不可斗量，小眼镜上上还有修车的绝招。

“可行性太差，还不如买个新的方便。”胖金来第一个反对，胖人性子都直。我也觉得可操作性不强。

“还有一个方法，就是扒车，让司机带我们一程。”这个方法好像可行。说干就干，我们开始找车。正好有个拖拉机停下，司机下来买烟。

“拖拉机行吗？”瘦高个陈沉给我使眼色。

“有啥不行的，就算是体验生活了。回到学校，我们就可以傲视群雄，除了我们，谁坐过拖拉机？”我把拖拉机说成“神六”了。

司机是个中年人,光着膀子,黑得可以反光。

他说可以倒是可以:“你们给多少钱吧?”

我们知道打的多少钱,谁知道坐这玩意儿要给多少钱呢?

“你说呢? 我们可是常坐拖拉机,别漫天要价。”我想唬他一下,司机笑笑,露出满嘴黄牙,一看就知道是个烟鬼。

他说:“一个人5块,一辆车5块。愿意上就抓紧,不愿意就拉倒。”

我们成了任人宰割的羔羊。独此一家,别无分店,司机抓住了我们的软肋。

“40块钱,太贵了。”胖金来小声对我说。

“我们不全上,我一个上,10块钱就行了。”我说。

胖金来说:“就这么办。”

司机见只有一人一车,有些失望。但蚂蚁肉也是肉呀。

他们三个骑车跟在后面,一点也不比拖拉机慢。陈沉还找到了飙车的感觉,直对我做鬼脸。

坐在拖拉机上也很拉风。是晒点,是响点,是硌点,但有风,风还挺大,吹着怪舒服的。

几个人的车况不同,有新车,有旧车,有变速车,有登山车,有一般车,骑起来就有快有慢。

身体条件也不太一样,喜欢运动的体力好些,耐力好些,不好运动的就虚些。胖金来有劲儿,但耐力差;陈沉瘦高,骑得轻松。

我是发起人,就是能骑快,也不敢骑得太快。谁骑得太快了,我就让他慢些,等等后面的;谁太慢了,影响大部队的速度,我就让他快些。我一直都处于比较靠后的地方,随时进行协调。

后来上上出了一招:“领跑,自行车比赛都有人领跑。一有人领跑,速度就起来了。”

人说,生活中最怕三种人:眼镜片、红脸蛋、扎小辫。上上就是其中的一种。

第一个领骑的自然是瘦高个陈沉。除了自身条件,他还有个令人艳羡的优势:他穿着黄色T恤衫。领骑者一般都穿这种颜色的衣服。

“在环法自行车比赛中,穿黄衫者是干什么的?”小眼镜问。

“领骑。”我不屑地回答。我体育成绩不算最好,但体育百科有问必答。

“共有几种衫?”小眼镜见有人挑战他的权威,挑衅地说。

“除了黄衫,还有绿衫、白衫和圆点衫。”好卖弄的我寸土必争。

“有什么不同?”小眼镜不依不饶。照这样下去,骑行就变成知识问答了。我会,但我没说。

我们每次有一个人领骑,领骑时都要换上黄衫,严格按照环法自行车比赛的规矩来。其他人紧随其后,别说,速度还真不一样。

“三苦”包括皮肉苦、肠胃苦和精神苦。

长时间和车座亲密接触,生理容积达到了极限,屁股就像在铁砧上炙烤。我们这小嫩屁股哪见过这世面!我想起铁板烧,先将铁板烧热,旋即在上面放置鲜肉和蔬菜,盖一下就吃。铁板上不是鱼肉,也不是菜,是我们。

时间再长些,屁股和裤子就粘在一起了,揭起来疼痛难忍。揭起来后不敢再挨车座,只得垫上衣服,很快衣服都垫完了。

“要是带件棉袄来就好了。”胖金来的眼里充满了向往。

“热糊涂了吧,这可是酷暑盛夏,老大。”我说,“如果没有警察,我就把小裤衩垫上。”

“你这是为了免皮肉之苦,连脸都不要了。革命得干净、彻底、全部。”上上揶揄我。

不停地灌水,一瓶又一瓶,好像不要钱。喝下的水瞬间化作了汗,少部分化作了尿。我们每个人都是一个汗加工厂,汗水滴到地上,地上就会冒烟。地面比我们还渴。

渴了就喝,喝了就尿,尿了再喝,盐分大量流失,瘦高个上上有虚脱的迹象,他的脸白得吓人。

我们不敢望天,因为太阳会把眼晃晕。

我喝得直想吐。

受苦受累不可怕,人最怕精神出问题。

人在特殊的情况下可以产生特异功能,也能产生幻觉、错觉。

人的精神一旦垮了就全完了。

到了中牟和开封的交界处,得知离目的地河南大学招待所还有十多里路,陈沉说:“咱们回去吧?”

一旦有人打退堂鼓,很快就传染了其他人。

上上说:“再不回去,我就要死在路上了。”

“出来容易回去难。我们这样回去,还不让人笑掉大牙?出来就没准备享福,成功就在于坚持。一鼓作气,再而衰,三而竭。我们一定不要泄气。”我觉得自己像个演说家。

我把大家拉到一起,手搭在一块儿,学着中国女排上场前的动作,大家互相鼓劲,加油。

在开封的河南大学招待所住了一夜,我们哪儿也没去,连著名的开封小吃都没吃,就打道回郑了。我们实在不想再做其他的事。

回来的路上,比去的时候要难得多,但我们都咬牙挺过来了。我们约定,再放假,我们骑车去洛阳,去西安,去西藏,只要时间允许,我们一直骑下去。

爱是 Love

——第一次过情人节

年一过完，就到 2 月 14 日的情人节了。我一下课就跑到商店，买了一盒德芙巧克力。这东西真贵，尤其是在情人节时更贵。

爸爸和妈妈这几天又挺上了。妈妈说爸爸不关心她，爸爸说他成天累死累活的，还不都是为了这个家。

爸爸在表达情感上是迟钝些，连我都不如，教都教不会，而且他还不愿意学。

他常挂在嘴边的一句话是："我就是这样的人，生成的骨头长成的肉，要是觉得我伺候不了你，你可以另谋高就。"这话真够呛人的。妈妈气得说不出话来，眼泪哗哗地流。

我想从中调停一下，可爸妈不买我的账。

妈妈在家可重要了。

她一不高兴，做饭时就马马虎虎，严重时她还会使性子，闹罢工。

当然，她一高兴，就会充分体现出一个厨娘的职业操守："这爱心饭是我用了整整一个上午才做好的，大家快来品尝。"

我回到家，屋里没开灯。

妈妈正躺在沙发上看电视，不用猜就知道她又在看言情剧，不是中国台湾的就是韩国的。妈妈这人也真是的，三四十的人了，还老作小女子状，喜欢看言情剧，还容易进入状态。她一边看一边哭，一手拿遥控器，一手拿纸盒;有时也会笑,但没哭多。

我点上一支蜡烛,放在妈妈面前,学着大人的样子,单膝跪地,很绅士地对妈妈说:“情人节快乐!”妈妈吃了一惊,缓缓地从剧情中退出来。

“又拿老妈开涮。这是什么呀?”妈妈作打人状,其实内心说不定有多高兴。

“秋天的菠菜。刚买的,新鲜的。望妈妈笑纳。”我吹灭蜡烛,“这就是‘暗送秋波’。”

“‘暗送秋波’就是在黑暗中送老妈秋天的菠菜?”妈妈笑得喘不上气。我知道,今天该有好吃的了。

“儿子,有你就行了,我以后也不用指望你老爸那个白眼狼了,喂不熟的白眼狼。”妈妈恨恨地说。

正在这时,有人敲门,是爸爸回来了。

“你不是去出差吗?怎么这会儿回来了?”我满脸的诧异。

妈妈装作没看见。

“情人节,我怎么能在外面过?我是特地回来负荆请罪的。夫人,对不起。都是我不好,你大人不记小人过,把我当个屁放了吧。”爸爸很幽默,常能让人忍俊不禁。这不,妈妈扑哧一声笑了。

看见爸爸背上的那根荆条,我笑倒在妈妈的怀里,半天直不起腰。

爸爸说:“今天是情人节,我早早把事情办完就赶回来了,还好,老婆也在家,没跟别人过情人节去。我这表现的机会也没有错过。”

要是爸爸能在这时献上玫瑰,那简直酷毙了。我忽然想起一件事,赶忙跑到我的房间,把巧克力藏在身后,来到爸妈面前,又单膝跪地:“祝爸妈情人节快乐!”说罢将巧克力奉上。

妈妈激动得脸通红。“这孩子,比你老爸强多了。”说罢她瞟了爸爸一眼,脸上写满了嗔怪和怨恨。

只见爸爸也学着我的样子,单膝跪地,像魔术大师一样从上衣口袋里变出一枝玫瑰,递给妈妈:“祝老婆情人节快乐!”妈妈笑得好灿烂,脸上还挂着泪珠,好好漂亮啊。

“羞答答的玫瑰静悄悄地开。”我唱。

“慢慢地绽放她留给我的情怀。”爸爸唱。

“春天的手呀翻阅她的等待。”妈妈唱。

“我在暗暗思量该不该将她轻轻地摘。”妈妈、爸爸和我合唱。

爸爸一时兴起，又唱了一首《正大综艺》的主题歌《爱的奉献》：“爱是Love，爱是Amour，爱是RAK，爱是爱心，爱是Love，爱是人类最美丽的语言……”

爸爸喜欢唱歌，但五音不全，属于不要钱要命的那种。我实在不忍心让他这样毫无顾忌地摧残我们的听觉神经，就唱了一首《康定情歌》：“跑马溜溜的山上，一朵溜溜的云哟，端端溜溜地照在，康定溜溜的城哟……”

我一手搭在妈妈的肩上，有点够不着，妈妈把身子弯下，我和妈妈一起唱着。爸爸也要唱，妈妈不让，场面一度失控……

日记本被绑架了

——第一次报警

我兴冲冲地回到家,按门铃,妈妈开的门。

“不是有钥匙吗?为啥不自己开门?”妈妈气呼呼地说。

“自己开门麻烦,还得掏钥匙,你知道我书包里书员臃肿,没有瘦身,翻起来得半天。你给我开,方便。再说你也有种成就感,孩子都这么大了,快能挣钱孝敬父母了,多自豪啊!”我贫得妈妈想笑又不敢笑,她装着打呵欠。

“下不为例,否则我请你吃闭门羹。”

我把书包扔到沙发上,也把自己扔到沙发上。

“这是谁的信?”我发现茶几上有一封信,我们家很少收到信。

“你的。”

“有人给我写信?真是太阳打西边出来了。”我说着把信拿在手里。这上面确实写着我的大名,我只在元旦时收到过妈妈的信,当面邮递的那种。

“谁寄来的?”

“你的崇拜者。”

“男的女的?”人对性别特别敏感,我也一样。

“看字迹像是女的写的。”

“妈妈根据字就能推断是男是女,真了不起。啥时教教我判断的诀窍,我得好好学学,艺不压身嘛。”我顺便拍了一下马屁,妈妈属马。

“这一定是女孩写的,你看这字写的,细胳膊细腿的,像个骨感美人。”

我口无遮拦，猛抬头发现妈妈的脸上晴转多云。

“怎么信被拆开了？”我发现信的封口被撕开了，没心思再开玩笑。

“是我拆的。”

“凭啥拆我的信？”我“呼”地站了起来。

“就凭我是你妈。好事不背人，背人没好事。”妈妈的分贝在提高。

“这是私人信件，谁也不能拆，除了我。”我觉得周身的血液直往脑门上涌。

妈妈最近疑心很重，爸爸说她是更年期。我说，不是早都说更年期了，咋还没过去？爸爸说，那是更年期提前，这才是真的更年期，小心点吧。

妈妈说：“我还不到四十，更年期咋会提前这么早？你是不是嫌我老了？要是就说出来，别憋在心里，我成全你。”

“妈妈你也不敲门，我都这么大了，多不好意思呀？”妈妈进我房间的频率越来越高。

“这房子是我买的，你是我生的，我想进哪间屋就进哪间屋，想什么时候进就什么时候进，用不着你批准，难道我还受你管制？”妈妈用嘲笑我智力的口气对我说。

“不是受我管制，每个人都有隐私，隐私权是受法律保护的。”

“你的隐私权也受我的保护。”妈妈胡搅蛮缠。

有些人就是这样。你跟他讲道理，他跟你不讲理；你跟他不讲理，他跟你讲道理。你不理他，他跟你有时讲理有时不讲理。

“这是两码事。你到底想干什么？”我的话比较疲软。

“我想找本书看，有什么好书借一本给我。”妈妈的眼睛告诉我，她在说谎。

“没啥，武打的你不看，你说书里的人都是疯子；言情的你不看，你说里面都是傻子。我这儿有套《福尔摩斯探案集》，推理的，你肯定不看。”我装着无辜的样子。

“你咋知道我不看？我现在就想看这方面的书，说不定对我教育儿子有帮助。”妈妈真的把书拿走了。

以后的几天，我天天见她在读《福尔摩斯探案集》。这倒好，她的兴趣转移到福尔摩斯身上，我就自由了。

电话铃响了,我不想在妈妈的监视下接电话。我跑到卧室去接分机,听筒里没音。

“妈妈,咱家的分机坏了?”

“没坏,我把线拔了。”

“为啥?”

“不为啥,这客厅不是有电话吗?你只管接,我听不见。”这是啥逻辑?玩掩耳盗铃?

我深深地理解了什么叫哭笑不得。

什么是更年期提前?有什么征兆?如何应对?我在网上查找。

根据中国人的身体特点,一般48~55岁左右出现女性更年期症状。比这早的,就是提前了。我妈妈提前了。

脾气暴躁,躁动,失眠。我妈妈第一条尤其明显。

合理的食物和药物调理,适当的运动、休息和保持好的心态。当然还要家人的宽容、理解!

我得宽容她、理解她?

熊心在电话里问我:“在干吗呢?”

我说:“没干吗,在和妈妈捉迷藏。”为了减少不必要的麻烦,我说话时故意把分贝放大,以妈妈能听清为准。

我宽容她。

“你妈妈不错,还能陪你捉迷藏,我妈妈是个标准的监工,她的影子老在我眼前晃,晃得我头都是晕的。我怀疑是不是我的血压让她晃高了。”熊心语气里充满了怨愤。

“我老妈不会这样,她可体贴我了,来了信她都帮我拆,怕累着我。”君子报仇十年不晚,我是不是小人了点?

我不理解她?

妈妈夺过电话,捂住听筒说:“不要在电话里说我坏话,家丑不可外扬,这也不算家丑,还是以正面报道为主。”又对着听筒甜甜地说,“熊心,我是你张阿姨,我想跟你打听点事,你一定要对阿姨说实话。李昂在学校都跟谁关系最铁?”

“跟我。”熊心是个大嗓门，他的分贝从听筒里冲出来直冲我的耳膜。

“你是男的。他跟哪个女生关系最铁？”

“林志玲。”熊心的分贝里有笑。

“你们班有叫林志玲的？我咋没听你说过？”妈妈捂着听筒审我。她成了法官，我成了她的被告。

“狗嘴里吐不出象牙，别听他瞎说。林志玲是台湾影星，长得漂亮，大家都喜欢。”我知道熊心在下我的药，可言论自由，我也不能决定他说什么不说什么。

“我就不喜欢。这些东西都是从哪儿学来的？”

“网上呗。”当妈妈的知识这么贫乏，“如果有资格考试，你一定不胜任妈妈这个职位，会下岗的。”

“以后不许上网，我说的。”妈妈宣判了我网络死刑。

“老白眼狼说我会下岗，你个小白眼狼也说我会下岗？”妈妈真恼了，“你们老李家有什么破岗位，还让这个下岗，让那个下岗。惹恼了，我还不伺候了呢！”

考试，妈妈不会下岗。

1983年，她参加高考，数学考了满分120分，成为家族荣耀。我姥姥姨们舅们常以此佐证我妈的聪明，还夸她上课边睡觉边学习，照样成绩好。

考试，妈妈会下岗。

语文只考了57分，不及格。虽然总分数超过本科，她还是被“发配”到信阳师院上了专科，还是中文。爸爸常说，上课睡觉害死人呀！

这是我们家的经典段子。

但是真的不愿把妈妈惹恼了。

妈妈又对着听筒问：“熊心啊，谢谢你告诉阿姨这些。他平时最想干的事是啥，你知道吗？”

我在想，妈妈是不是看《福尔摩斯探案集》看多了？

“他想干的事可多了，他想上北大清华，想当经济学家，想当玄幻作家，想挣大钱，多得很。”熊心这次基本上是实话实说，有一说一。

“我问的是最想干的，再想想，比如说是不是想谈恋爱，是不是想出国?”这在新闻上属于诱问。

“你这一说我想起来了,他最大的理想是‘先戒烟,再健身,找着女人就结婚’。”

天啊,这玩笑怎么能这样开呢?尺度太大了!

“你胡说!我从来没这样说过,那是你说的,反过来赖我,明天我到学校饶不了你。”我夺过听筒,发疯似的喊,分贝和熊心的比占有绝对优势。

“心虚了不是,有些人就是怕听真话、实话。我说你这一次为啥没考双百,原来你想结婚。结婚就这么好吗?我都想离婚了。婚姻是座围城,城里的人想冲出来,城外的人想冲进去。我就是城里的人,你就是城外的人。一个人的生命是短暂的,该干的事情一定要干,不该干的事情一定不要干。你正处于学习的黄金时期,该干的事情是学习,不该干的事情是谈恋爱,更不该干的事情是结婚。”

“上课还不该睡觉,对吧?你有点判别力好不好?那是网语,学校里的同学都会说。”我这一招有点太狠了,我都有点不好意思。

“我现在就去把网线拔了,你的脑袋中了病毒了,再不杀毒,就会死机。”

“拔了呗,谁稀罕。”我“啪”的一声挂掉电话,把妈妈晾在那儿。我一头钻进自己的房间。

我想把今天的事记到日记本上,这是我倾诉的唯一办法。

抽屉没有锁,日记本也找不到。

“妈妈,你见我的日记本没有?我的日记本被人绑架了。”

“在我卧室里,我还没看完呢。”

“你怎么能这样!看别人日记是不道德的,你懂不懂!”

“看完就还给你,有什么大惊小怪的。”

“你这是家庭暴力,我要告你。”

“你去告呀,没有诉讼费可以跟我借。我辛辛苦苦把你养大,就是为了让你告我?白眼狼。”

“我不是你的私人物品,我有自己独立的人格,我有尊严,不允许任何人侵犯,包括你。”

“我原以为你赤胆忠心,知恩图报,没想到你端起碗就吃肉,放下筷子就骂娘。你在日记里说我不理解你,说我管得严,说我更年期,还说什么,什么上课睡觉,说我有病,是不是诽谤?算不算侵犯?我是不是也得起诉你?”

呜呼,我说不出话来。我跑到妈妈的卧室,想把我的日记本救出来,却一头撞在了门上。

“你敲门了吗?我让你进了吗?你私闯民宅,该当何罪?我可是女的,你有隐私,我没有吗?”妈妈不知啥时靠在门上,她的质问是很歹毒的。

在妈妈的眼里,我一定是只被钉在历史耻辱柱上的癞蛤蟆,我恨不得撒泡尿沁死。

更年期撞上青春期,不会有个好。

“我的日记本呢?”

“在我的抽屉里,有本事你把抽屉给撬了。”

“再不给我,我就报警。”我咬牙切齿。

妈妈的目光锁定在我的嘴上:“你要不报警,我是你生的。”

正在这时,爸爸回来了。

我拿起电话,拨了110,对方占线,爸爸以刘翔的速度将电话挂掉了。

我还真得原谅他

——第一次救美

我打架了，而且不后悔。

我们班有个叫刘小流的，特捣，没人愿意和他同桌。

“如何上课最捣蛋?”他有一次问我。

“如何?”我不知他想说啥，以攻为守。

“老师说一你说三，老师问你几岁了，你就说吃的蛋炒饭。要是你旁边的同学在上课时睡觉，让你去叫他，你就说是老师把他弄睡的，让老师自己叫。”他好像认真研究过这个问题。

我是班干部，老师让我发扬风格，帮帮他，我就成了“同桌的你”。

刘小流上课喜欢睡觉。这样也好，至少他不影响别人。

他说这叫养精蓄锐。一下课，他精也有了，锐也有了。

他带来一条小金鱼，全身墨黑，莫鱼儿想玩一下，他不让。

“叫我哥，我就让你玩。”刘小流嬉皮笑脸。

“想得美，我宁愿叫金鱼哥，也不会叫你。”莫鱼儿不理他了。

我从厕所回来，发现他的金鱼正在我的茶杯里游泳。

“你把金鱼放里面，我咋喝呀?”我伸手去抢我的茶杯，他拼命阻挡。

“这是鱼汤，喝了可以下奶。”他笑得脸都歪了。

“小刘……忙啊。”李木森是个结巴嘴，说话大喘气。

“不忙，我在给李昂做金鱼汤。”刘小流意犹未尽。

"听见没,人家喊你'小流氓啊',你还'商女不知亡国恨,隔江犹唱后庭花'。"话一出口,我的心里舒服了一大截子。

刘小流把刚才李木森的话连起来一读,还真是"小流氓啊"。他过去搡了李木森一下。

"你缺德带冒烟,说你'小流氓啊'你还不服气?"莫鱼儿在借机报复。

"你爸爸有先见之明,预见到你是个'小流氓啊',给你起名叫刘小流,啥意思你明白不?你姓刘,名字里又有个流,就是二流。你是个男的,过去男的都叫子,像孔子、孟子、荀子、庄子、老子,所以你就是二流子。"我要把刘小流气死。

"二流子不就是流氓吗?"莫鱼儿装着不懂的样子,歪着脑袋问我。

刘小流气得脸都绿了,他的"金鱼之快"荡然无存。

他用目光刺我,我用目光扎他,两人的目光仿佛在进行拳击比赛。

我准备把金鱼汤倒掉,我可不想下奶。就在这时,刘小流把我的裤子拽下来了。我伸手去拉裤子,茶杯掉在地上,摔得粉身碎骨,金鱼在地上打滚,闹不明白发生了什么事情。

我的脸烧得可以发电。

刘小流忘记了刚才的不快,笑得"嘎嘎"的,肩头一耸一耸的,像在跳少数民族舞蹈。

我恨恨地踢了金鱼一脚,金鱼是刘小流的,踢金鱼就是踢刘小流,我在心里迅速换算。

"别踢,踢死了让你赔。"刘小流看破了我的心思。

这节上的是语文课,老师讲的是《农夫与蛇》。上课先复习上一次课《滥竽充数》,老师借题发挥说,有的同学就是滥竽充数,人在教室心在外,上课就睡觉,下课就打闹。天长日久,怎么能行?

下课后,我去擦黑板,刘小流跟在我后边。我知道他不会干好事,一直提防着他。可我无论如何没想到,他趁我擦黑板的工夫,又把我的裤子拽掉了!

我的大脑出现了短暂的空白,不知道自己是怎样走下讲台的,我的眼泪足够把黑板洗几遍。

我不敢看同学,我觉得他们都在嘲笑我,鄙视我,看不起我。

我来到校长办公室,校长戴着老花镜正在批改作业。见我气冲斗牛的样子,她让我坐下慢慢说,要给我倒水,被我婉拒了。

我跟校长说:"要不开除刘小流,我不上学了。"

"这还得了!反了他了!"校长很生气,也许是为了给我看。

班主任王老师奉校长之命,叫来了刘小流的家长。刘小流的妈妈也不知说了多少遍"对不起"后,把他领回去了。

爸爸给王老师打电话抗议,王老师说:"刘小流被停课了,是不是开除,全凭你们一句话。"

听说要开除刘小流,我心里咯噔一下。

晚上,刘小流的妈妈给我妈妈打电话:"孩子不懂事,犯了不可饶恕的大错,我把他打得现在还在床上躺着,等他能下地了,我带他去你家赔不是,让我下跪都行,不能让孩子没学上。你大人有大量,大人不计小人过,就饶过他这一次吧,我代他向你和你的孩子赔礼了。"

妈妈征求我的意见,我说吓唬吓唬他就行了。

爸爸也说:"杀人不过头点地,开除了他去哪儿上学?都不容易,算了吧。"

刘小流在家反省一个星期后回到学校,带来了他深思熟虑的《忏悔书》:"这个冬季,我们撕心裂肺地快乐着,这或许就是珍惜。我珍惜和同学在一起的每分每秒,因为这种感觉可以制造美好的回忆。……"

我有点听不懂,就凑合着听。后来莫小鱼告诉我,这段话是刘小流在网上抄的,只改了几个字。

刘小流见了我横眉冷对。这让我想起了《农夫和蛇》的故事,我是农夫吗?

我在心里一遍遍地问自己。

此后的日子,我们大路朝天,各走一边,省了很多事。

狗改不了吃屎。

过了没多久,刘小流的狐狸尾巴又露出来了。

我的圆规被他掰得不能画圆,只能画椭圆。

我的车钥匙找不到了，害得我走了好几里，脚都磨出泡了。他说我如果请他吃一个8块钱的冰淇淋，他就帮我找。请过之后，发现钥匙正在桌斗里躺着，哀怨地望着我。

刘小流递给我一块糖，说："吃吧。"一脸的诚恳，从未有过的诚恳。

我怕他使坏，没敢接，其实我可想吃了，那可是德芙啊，名牌，知道不？

"我不会下毒，放心吧。"他硬塞给我。

我吃了一口，正点。

"哈哈哈，你上当了，刚才我用它在鞋上蹭了好几下，又包上了，可你居然还真吃了。我的鞋味儿不错吧？"

我像吞下一只苍蝇，想吐又吐不出来。

莫鱼儿的脖子里被人放了个毛毛虫，吓得她成了刘翔，一连跳过了好几排凳子，都没能停下来。毛毛虫被抓出来后，还一拱一拱的，真恶心。

"谁干的？让我查出来，我把他家祖坟给扒了。"惊魂初定的莫鱼儿扫射四周，重点扫射刘小流。

"看我干什么？又不是我干的。"刘小流一脸的无辜。

"不是你就好。"莫鱼儿咬牙切齿地说。

下课后，同学们都背上书包，像鸟儿一样飞向不同的方向。

"毛毛虫其实是玩具，没必要大惊小怪的，给我吧。"刘小流终于承认是他的。

莫鱼儿伸手就去抓他的脸，刘小流躲得快，没有中招。

"门儿都没有，你让我丢尽了人，就这样算了？你赶快准备遗嘱吧，写清楚死了是土葬还是火葬，水葬也行。"莫鱼儿喘着粗气说，"最好扔给狗吃，说不定狗都不吃。"

"你想咋着？"刘小流脸上的笑枯萎了。

"别为一点小事伤了和气，回来再说。"我想打个圆场，也怕莫鱼儿吃亏。

"你想咋着？"莫鱼儿的脸上结了层薄薄的霜。

刘小流在莫鱼儿的口袋里硬掏，莫鱼儿躲闪不及，坐在地上。

"耍流氓了！"莫鱼儿的声音很大，好多人围过来看热闹。

刘小流是兴奋型的，一见人多，他更来劲，“啪”地在莫鱼儿脸上打了一巴掌。

莫鱼儿被打愣了，她没想到刘小流真敢打她。莫鱼儿的眼泪成批发状态奔涌而出。

刘小流准备打第二巴掌时，我把他的手攥住了。

“打一个女生算什么本事？”我的眼睛在冒火。

他也没想到我会横插一杠子。

“怎么，你想来个英雄救美？我成全你。”说着他对着我的脸就是一拳，我的嘴角有股咸味。我也打了他一拳，没打着。

“干什么呢？下午去我办公室时，我当裁判，让你俩打个够。”体育老师艾芬娜正好路过，把我们拉开了。

“你等着办后事吧。”刘小流临走时对我说。

“谁怕谁呀，有种你别走。”我大义凛然，其实心里直打鼓。我从来没跟同学打过架，我妈妈不让。

莫鱼儿一直陪我走到最后一个路口。

现在，莫鱼儿只要出门，就喊着我一块儿。

树好，花好，鸟好，云好，水好，除了刘小流，什么都好。

同学们说，我是护花使者，刘小流是辣手摧花。

总是说错话

——第一次做主持人

“期末考试结束了,祝贺你们又长大了一岁,也祝贺你们升入了高一个年级。明天我们开个联欢会,好好庆祝一下。耶!”王老师的小拳头朝我们一挥,跟李咏主持节目时差不多。

别看王老师课堂上一本正经,一下课,她比我们还疯。我们也乐意有这样一个比我们大不了几岁的老师姐姐领着我们玩。

范小曾说,老师姐姐就是师姐,我们私下里都喊她师姐。

“谁当过主持人,请举手。”师姐的手举到耳朵旁,不知道是她当过主持人,还是让当过主持人的跟她一样举手。

师姐真是搞笑,她总不会和我们争当主持人吧?

“我在幼儿园当过主持人。”莫鱼儿第一个举起手。她是我们班的举手冠军,只要老师提问,她就举手。有一次师姐在课堂上说:“谁能用一句话表达祖国山川的秀美?”莫鱼儿的手举过了头顶。

“莫鱼儿,你说。”

莫鱼儿清了清嗓子:“啊,长江真长,黄河真黄。祖国啊母亲,我是喝你的乳汁长大的。”

全班像炸开了锅一样。

师姐好不容易忍住笑:“你真幽默,想让大家在轻松的环境里上课。”我最佩服王老师的这一点,她从来不让对方下不了台。

“莫鱼儿是喝祖国的乳汁长大的，就让她当主持人吧。”范小曾开始起哄。

李木森说：“她好像是喝……她妈妈的……乳汁长大的。”这家伙嘴结巴，思维可不结巴。范小曾说他是思维的巨人，语言的矮子。

“我在我们家的春晚当过首席主持，我妈才是副主持。”我这是实话实说。

“自从盘古开天地，三皇五帝到如今，没听说有副主持。我的理想是做个大牌主持人，算不算呀？我还替我舅主持过会场呢。”范小曾的舅舅是说大鼓书的，他带我去听过，还是他帮着收的钱，没见他当主持人，那种地方也用不着主持人呀。

“主持人……是主持人的……没听说有……主持会场的。”李木森对着范小曾吵得头偏偏的。

狗咬狗两嘴毛，让他们掐吧。

“大家说说都喜欢什么样的主持人吧。”老师就是老师，再小也是老师。师姐这招真高，成功地为范小曾解了围。

“我不喜欢李咏，他光会说‘耶’，还跷兰花指，跟个女人一样。”莫鱼儿自顾自地说着，一朵彩云从王老师的腮边飞过。

“我跟你不一样，我就喜欢咏哥。耶！”师姐说着又做了一个握拳头朝前击的动作，调皮死了。

“我喜欢《挑战主持人》里的马东，‘也许你冤枉，也许你委屈，你被淘汰了’。《天天快乐》我也喜欢，‘快乐是一天，不快乐也是一天，我们何不天天快乐？’还有……”我还准备说下去，李木森说：“让李昂……主持。”

最后，经过同学民主，师姐集中，定下四个主持人：莫鱼儿，范小曾，孙慧子，当然还有在下我。

数学老师张老师、体育老师艾老师也都到了。师姐穿一件粉色上衣，脖子上系了一条白色纱巾。

“有了这么多的大牌主持，我相信大家会把联欢会开得圆满成功，是不是呀？”她做了一个李咏式的手势，嘴里的“耶”没有发出声响，她也怕犯众怒。

“是。”全班同学都用吃奶的劲儿喊，本来都是刚断奶不久。刘小流还加了一个“耶”，莫鱼儿非常不满地白了他一眼。

“下面用热烈的掌声欢迎四位大牌主持人上场。”师姐带头鼓掌，刘小流在莫鱼儿走过他身边时，推了她一把，莫鱼儿顾不上还击，跟着我们三个小跑着上了台。上台后还在喘气，做主持人她好像胖了点，不减肥难成大牌。

“同学们，老师们，大家好。六(1)班的联欢会现在开始。大家鼓掌。”莫鱼儿真是晕了头了，大家的掌声稀稀拉拉的，因为谁也不知道为啥要鼓掌。

第一个节目是温心的诗朗诵《老师是我的妈妈》。该莫鱼儿报节目，我提醒过她。她清了清嗓子，饱含深情地说：“下一个节目是诗朗诵《我是老师的妈妈》，有请温心同学上场。”所有的同学都愣住了，过了好一阵，大家才缓过劲儿来，一个个笑得死去活来，艾老师笑得眼泪都出来了，刘小流笑得跳到了桌子上。

我使出浑身劲儿来忍住笑，让刘小流也别笑了，刘小流说：“狗才想笑，可我憋不住啊，笑死我了。莫鱼儿，你真是搞笑天才，我要是笑出个好歹来，你一定要赔。哎哟，哎哟哟……”刘小流是个人来疯，越说越上脸。

师姐的脸上红一阵白一阵，估计连她也没见过这阵势。她让大家别笑了。“刘小流下来，坐桌子上多不雅观，温心开始朗诵吧。”

温心本来就胆小，这一闹腾就更害怕了。她擦了擦头上的汗，走上台。“我是……”声音小得跟蚂蚁一样。

又有同学开始笑。我赶紧提醒她：“错了，是《老师是我的妈妈》，明白了吗?”温心一脸的茫然，小声嘟囔：“到底谁是谁的妈妈，我都给搞糊涂了。”

幸好后面的朗诵没有再错，要不然非得有人笑破肚皮不可。

第二个节目是孙慧子的独唱《当枫叶红了的时候》，该我报幕。我可不想再出错。“下面请听独唱《当红叶枫了的时候》……”话一出口我就感觉错了，大家连笑的劲儿都没了，一个个只有笑的表情，眼巴巴地看我咋收场。我恨不得拔根头发吊死算了。

几秒钟后，我静了静乱糟糟的心，默默地重复着："当红叶枫了的时候，不对，不对，应是枫叶红了——"

"下面请听《当枫叶红了的时候》，有请孙慧子。"我还没忘做一个请的动作，很绅士的。

第三个节目是"击鼓传花"。要求：鼓停花到哪位同学，哪位同学得自暴一件自己的糗事，或者本班同学的一件糗事也可以，最好是要搞笑的，否则不给通行。

最后一个是"泡泡糖"，我主持的。五人上场，我喊"泡泡糖"，大家喊"粘什么"，我说粘"胸"，台上的人两人一组互相接触胸部。刘小流想和莫鱼儿粘，被莫鱼儿推开了。我说粘"左脚心"，范小曾和李木森左脚心相触，脚仰人翻。我说粘"嘴唇"，莫鱼儿冲过刘小流，直奔台下，大家都笑晕了。

联欢会一结束，莫鱼儿直奔刘小流而去，恶狠狠地踢了他一脚，疼得刘小流直龇牙。

刘小流梗着脖子问："为啥踢我？我又没吃你肉喝你血。"

"踢你还便宜你了，要不是你推我，我也不会错。我今天丢人丢大了，从小到大没这样丢过人。"莫鱼儿哭着说着，说着哭着，搞得刘小流豆腐掉在沙堆里——拍也不是，打也不是。

莫鱼儿不出错，我也不会出错。

真是的。

最大的失败是失败了不觉悟

——第一次考0分

我在班里的成绩,这样说吧,如果说我是第二,没人敢说是第一。

虽然不能说每次考试都得满分,但要么是满分,要么是和满分无限接近。

可我考了个0分,您是不是很想知道是咋回事?

我爸妈也想,老师也想,同学们也想,甚至连我自己都想。别急,让我捋捋……

我平时看着大大咧咧的,可我对待学习的态度是相当认真的。说是期中考试,我也像对待大考一样重视。

头天晚上,我和往常一样,在妈妈的引领下,把书本上的内容不分大小、不分贵贱、不分长短一网打尽。

妈妈经常吹嘘说:我上学的时候,课本上的东西没有一样不会的,包括边边拐拐的。我采用的是目录复习法。

我最不爱听她胡吹八吹的,她上学时不一定有我优秀,或者说根本就没有我优秀,或者说根本就不优秀,但当了父母之后,就升级换代了,言必称我当初怎么怎么的,鬼才知道你当初怎么怎么的,弄不好也是三天两头被老师熊的。

“到底是你复习,还是目录复习?”

我气不顺时,总好呛她。

“目录复习法就是看着目录复述内容,书上的内容一个都不放过。”妈妈得意地说。

我知道她的方法灵,我也屡试不爽,但嘴上就是不服气。我装着不情愿的样子,复习着,嘟囔着,其实心里跟喝了蜜一样。自从掌握了目录复习法的精髓,我的学习就变得事半功倍了,其他同学光着脚都撵不上。

复习完了,夜已很深,四周寂静无声。月儿早已上床了,清风在刮,却有气无力的。

妈妈帮我关上窗户,叮嘱说:“早睡早起,明天还要考试呢。”我说好。她又说:“再看看考试时间表,别去晚了。”妈妈最大的“优点”就是啰唆,当然我是开玩笑说的,其他妈妈也都具备这样的“优点”。

我拿出文具盒,把贴在上面的考试时间表又从头到尾仔仔细细地看了一遍,也没看出花来。不就是个期中考试嘛,有必要搞得神经兮兮的吗?

妈妈在等待我的肯定回答。我挺不耐烦地把妈妈边往外推边说:“看过了,记住了,您放心睡觉吧,我明天还要考试,睡不好耽误了考试您得负责。”妈妈挺为难地往外走,走时还不忘争分夺秒地抢了一句:“别忘了考试时间……”

一夜无话,第二天和往常的每一天都大同小异。妈妈早早把饭做好,招呼我吃饱喝足,让我奶奶送我去学校。

学校离家近得不能再近了,就隔一条马路,听着学校的上课铃再去学校都来得及。

“昂儿,该去上学了。”奶奶催我。

“十点才考试,我过一会儿再去。”我边回答奶奶的话,边照着目录复习。

“昂儿,该去上学了。”奶奶总是这句话,她也不嫌烦。

“我知道了。我在复习,别老催我。”奶奶洗碗去了。

指针已指向了九点半,我起身去学校。应该早点到学校,虽然离家很近,这是学业道德。

我把已翻了无数遍的课本放进书包,想想所有的内容都已被我用吸星大法吸到了脑子里,就得意地笑了。我也替语文老师王老师捏一把汗,她要想难住我,出题时肯定可不容易,也不知道她知道不知道我复习得可好了,用的是目录复习法,连边边拐拐的内容都记住了。

走到家门外,听到一声喜鹊叫,我好奇地仰脸朝天上看了看,好蓝的天,蓝得晃眼。喜鹊站立在一棵大柳树的黑枝丫上,漫不经心地叫着,有一搭没一搭的。我要考试,无心恋鹊,边走边想,等着我,等我得胜回朝时再相会。

“又送孙子上学?”邻居张大爷和奶奶搭讪。

“噢。”奶奶话少,一般都短小精悍,惜字如金,和我正好相反。有人说我不随我奶,只要考得好,随不随无所谓。

“你有福气,大孙子学习这么好,次次都考100分。不像我们家那祖宗,几门课加起来也考不到100分。”张大爷意犹未尽,用讨好的口气和奶奶说。奶奶竟然没说话,估计她把高兴咽到肚子里了。

说我次次考100分,也有点夸张,也有考不到100分的时候。不过张大爷的话我爱听。

“张大爷早。”我和奶奶不一样,虽然张大爷不是跟我讲话,但我还是主动地应了一句,学习好也不能耍大牌。

我走进熟悉的校园,一切如旧。我径直向教室走去,然而令我不解的是,有许多同学正从教室往外走,应该是往里走才对呀!

“范小曾,干啥去?”我拉住我的一个死党。

“回去复习语文,准备明天的。我不像你,考啥都胸有成竹,俺是笨鸟先飞。”范小曾说着从我身边走过。夸人的话我听得多了,也就习惯了。

可我觉得他的话哪儿不对:现在不就是要考语文?为啥他要回去复习语文?明天上午10点,考历史,他应该回去复习历史才对。是不是他们现在学习方法都变了,变得我不知道了?不过再变也没有这样变的,刚考完就回去复习,没考的不复习?就范小曾的智商,我觉得他不会高深到哪儿去,更不要说莫测了。我准备再问问他,可他已经走远了。其他同学也在这当儿从我身边鱼贯而出。

等我走到我的座位上,教室里已空无一人。真是活见鬼了,没见监考老师来,也没人发卷子。我一个人托着腮发呆,此时就想知道一件事,只一件,为啥大家都不来考试?为啥来了又走了?他们到底在玩什么猫腻?

我想得脑壳都疼了，也没想出答案。

这时，一个我不认识的老师走进来，他有 50 来岁，走路有点慢，头发乱乱的，背有点驼。

“走吧，锁门了。”他瓮声瓮气地跟我说。

“我来考试的。”我说。

“考什么？不是刚考完？”他很诧异，语速快起来，眉毛扬得老高。

“我来考语文。”我耐心地跟他说，尽管不熟悉，也是老师。

“不是考过了吗？”老师的语调高了八度。

“10 点才考，我看得清清楚楚的，您别骗我。”我有点急了。

“那我不知道，反正考完了，我要锁门，明天 10 点再来吧。”老师说得没有商量，再不走，就会被他锁在里面，我悻悻地起身，悻悻地往外走。真见鬼了！

我百无聊赖地回到家。

“怎么这么快就考完了？”奶奶满脸疑惑。

我不想说话，拿出考试时间表，想看看下一场考试是啥时候。不看不当紧，一看我吓出一身冷汗：天哪，10 点考试不是今天，是明天。语文不是今天考，是明天。今天考的是历史，时间是 8 点。

我把时间看错了！

妈妈非杀了我不可，爸爸也不会轻饶我。我对不起奶奶，对不起老师，我谁都对不起，我连死的心都有了。

这错误犯得也太低级了！

妈妈知道后，不停地唠叨，我都烦死了，可也不敢说，谁让自己犯了这么愚蠢的错误。爸爸倒是没说什么，可他脸色铁青，就像我欠他什么似的。我就怕他这样，他要是打我一顿，哪怕打得狠点，我心里也会好受些。

软刀子杀人不见血。

晚上我睡不着，搁您您也睡不着。

可我想，大科学家爱迪生也曾犯过错误，神一样的诸葛亮犯的错误更多，齐秦更不用说了，就连我最喜欢的篮球明星王治郅不也犯过错误吗？可他们都在不同的领域做出了卓越的贡献。

我不能就这样束手就擒。

第二天早起,我破天荒地为妈妈帮厨。妈妈说:别和我套近乎了。

我说:妈妈,杀人不过头点地,事已至此,说啥也没用了。但我还是要说:

第一,这种事情以后绝不会再发生了。(还有下次?)(括号里的都是妈妈说的,下同)

第二,伟人也有犯错误的时候。(你是伟人,不怕让人笑掉大牙。)我一定改,必须改,彻底改。

第三,卡莱尔说,最大的失败是失败了不觉悟。周恩来说,错误是不可避免的,但是不要重复错误。列宁说,只有什么事也不干的人才不会犯错误。谚语说,错误常是最好的老师……

我一口气说了好多,妈妈像在听天书,范小曾听课时估计就这样。(谚语是谁?)

我一下被问住了,缓了半天才说:“谚语就是谚语呗。”然后我扮个鬼脸,唱着“小嘛小儿郎,背着那书包上学堂……”向门外走去。

0分风波过了很长时间才过去。我虽然历史得了0分,但其他科都考得相当不错,班里名次并不靠后。但这种错误是不可原谅的。

我向妈妈保证,我以后再也不干这种糗事了。

妈妈我爱你

——第一次见证生命的奇迹

我家小狗雪儿生了。

早晨爸爸照常带着雪儿出去散步,雪儿不情愿的样子。这很反常。

平时一到早上五六点,雪儿就会准时向爸爸报到。报到的方式大致相同,要么是叫几嗓子,要么是拍门。

要说也怪,我原以为动物没有啥思想,让它们吃饱喝足就行了,其实不然。雪儿的智商至少相当于一个两三岁的小孩,只是它不会说话罢了。但它很会表达。这和人一样,耳朵不行的,眼睛特厉害,眼睛不行的,耳朵特厉害。雪儿嘴上不会说,但它是哑巴吃饺子——心里有数。

爸爸狡兔三窟(他属兔),今天在这屋睡,明天在那屋睡,有时和妈妈睡,有时和我睡。但不管爸爸在哪儿睡,雪儿早上都能准确无误地把他"揪"出来。门如果是关着的,雪儿就用它那有力的小爪子使劲地敲。我爸爸说,那不是敲,是挠。如果门是开着的,雪儿轻车熟路,顺藤摸爸。

雪儿不愿意出门,还是第一次。爸爸使劲拉了一下,雪儿极不情愿地出去了。

到了院子里的草地上,雪儿还是不愿走。

爸爸认为雪儿是因为脖子上有绳的缘故,把绳取下来,它还是不愿走。随它去吧,爸爸不管它了,它就跑到离人较远的地方,这是它要大便的先兆。可它没有。

回到家,爸爸开始吃饭,雪儿躺在餐桌下面,忽然爸爸惊呼:天啊!

爸爸把我们吓了一跳。爸爸往桌子下面一指,我们也吓了一跳:雪儿躺在那儿舔爪子,这本正常,可好像多了一个爪子,还会动。

"生小狗了。"妈妈叫了一嗓子,吓得躲到爸爸的身后。

"爸爸,您可是男人。"我也害怕,怕极了,从没见过这种场景,我见爸爸也怕,以为他会躲到我的身后,那我就麻烦了。我先下手为强。

雪儿确实生小宝宝了,小宝宝才出来一半,灰白色,一动一动的,羸弱无力。

"赶快去帮忙。"妈妈推了爸爸一下。

"我咋帮?"爸爸吓得缩了缩脖子,"昂儿,你去帮吧。"

爸爸真是的,他斗不过妈妈,就会欺负我。关键我哪会呀!

"老婆,你生过昂儿,有经验,要不您帮帮它。"爸爸把妈妈从身后摸出来。

妈妈试着往前凑了凑,"汪……"吓得妈妈又退了回来。

我们在这儿瞎操心,人家小狗不领情。

这可怎么办?

我急得胡子都快出来了。

这样僵持下去也不算事。

"我同学浩然他爸是搞克隆牛的,他妈是农科院的专家,专门给动物治病,要不问问他妈?"我说。

"怎么不早说呢?"妈妈急忙翻出电话号码,给浩然妈打电话。

在电话里可以听见阿姨的责怪声:"怎么现在才发现?原来不知道?你们怎么能这么粗心?没有增加营养?没有去宠物医院做定期检查?"妈妈像犯了错的孩子,一个劲儿地赔不是,好像她犯了弥天大错一样。

这事要怪只能怪我爸爸,他成天和雪儿在一起,应该知道雪儿啥时怀的孕。

雪儿是爸爸带回来的,是他同事的爸妈淘汰的。因为一只老猫先入为主,雪儿到了后反客为主,个儿大欺主,同事爸妈舍狗保猫,可怜要强的雪儿只能远走他乡,被我爸爸好心收留。

“丑话说前头，我坚决反对在家里养宠物，脏不说，还容易传染疾病。如果你非要养，我胳膊拧不过大腿，你自己养。”这是妈妈关于养小狗的态度。

妈妈小时候被狗咬过，最恨狗了。

“绝对不能生小狗，不能把咱家真的变成狗窝。再说，如果哪条野狗搞了它，生下小杂种，京巴不像京巴，泰迪不像泰迪，我可不答应。”这是妈妈关于生小狗的态度。

话说回来了，这事也不能怪爸爸。

小狗来我家后，基本上都是爸爸带它出去玩，早晚各一趟，风雨无阻。有时还会多出去一两趟，那是爸爸有时间。洗澡是爸爸干，带小狗看病打疫苗剪毛，也都是爸爸干。

压根儿没想到让雪儿怀孕，从没带它去配过种。有次家属院里有只吃得很肥的京巴老狗被爸爸碰见，狗主人和爸爸也熟，爸爸就想让雪儿试着和老京巴交往。老京巴可高兴了，围着雪儿跳舞，可雪儿对它一点兴趣也没有，只要老家伙欺身过来，它就是一阵猛咬。老京巴热脸贴个冷屁股，时间长了，兴趣就淡了。

老牛吃嫩草，可没那么容易。

这事儿是爸爸偷偷告诉我的，可不敢让妈妈知道，否则非炸锅不行。

雪儿每年都有一两次发情期，这期间它情绪极不稳定，稍有不顺就发脾气。有经验的人警告我们说：“轻易不要碰它，最好不要抱它，小心被咬。”

出去时总有一群小男狗围着它献媚，有的直奔主题，上去就往它身上爬。一般情况下，它都是拒绝，这也是我们想要的结果，可也有它不拒绝的，还主动配合，搞得我们很尴尬。

奶奶带雪儿出去时，总带个棍。

爸爸看着雪儿尿完屙完，就像做错事了一样赶快回家。

严防死守，防线最后还是被攻破了，山头也被占了，雪儿成了沦陷区。

爸爸百思不得其解：到底是哪个混小子害了我们家雪儿？

爸爸很自责，原因有二：

其一，没看好雪儿，让它失身了。

“我有推卸不掉的责任。”爸爸痛心疾首地对妈妈说。

“你说这意思，这事和你有关系？”妈妈专门气爸爸。爸爸语塞。

其二，没提前发现雪儿怀孕，没能照顾好雪儿，自己太粗心大意。

“早上我拉雪儿出去，它不想去，我应该想到的。地上好像有水。”爸爸边说边往门口走，过去一看还真有。

“那是羊水，傻帽儿。”妈妈没好气地说。

“拉它回来的时候，电梯里也好像有水，比先前的多。”爸爸实地查验回来后说，“我真粗心，当时咋没想到呢？我态度好像也不好。”爸爸成了啰唆的祥林嫂。

“你就是那种人。我怀孕时，你操心了吗？我月子里，你照顾得好吗？”妈妈嗔怪地说。

“小狗护崽，它会咬走近的人。你们小心些。”浩然妈在电话里提醒。

“它还没生下来，我怎么帮它？”妈妈问浩然妈。

“不用，动物都是有本能的。”

“脐带怎么办？”

“生完后，它会自己咬断。”

“胎儿身上有脏东西咋办？”

“它会自己舔干净。”

在浩然妈的指导下，我们静候雪儿把宝宝生下来。

雪儿很平静，干得很老练。咬脐带，舔脏东西，有板有眼。

雪儿竟然会干这些活，真让人刮目相看。

母性好伟大！

我们找来干净的硬板纸箱，小心翼翼地把雪儿和小宝宝移到箱子里。放哪儿呢？天太热，雪儿大口喘着气，红舌头使劲地伸着，抖着，身上到处都是血污。

我好想替它洗洗，妈妈说，月子里不能洗澡。我只好作罢。

虽然屋里很热，虽然箱子里很热，但雪儿还是待在箱子里，给小宝宝喂奶，小宝宝吃不住，它会调整姿势，努力让小宝宝吃到。实在热得受不了，它会跳到地板上，稍稍凉爽一下，很快又会主动地回到箱子里，灵巧地调整身姿，专业地喂养着小宝宝。

“它会生双胞胎吗?”我突发奇想,这奇想引起了爸妈的极大兴趣。

“有可能。可从这肚子上也看不出来呀。”爸爸不负责任地说。

“狗一窝会生好几只。刚才浩然妈说,用手摸摸就知道了。”妈妈说。可谁去摸呢?

半天也没人敢去摸。

“刚才抱它的时候,感觉好像没有了。”这是我不负责任的爹说的。

因为下午要上班,爸妈都走了,让我看着,看还会不会生。

两个小时以后,我偷偷地瞄了一眼,发现雪儿身旁又多了一个小家伙。这是名副其实的小家伙,比先前的哥哥或姐姐还小,小得可怜人。

爸妈下班回来,第一句话就是:“是男狗还是女狗?”几乎异口同声。

这都是高难度的问题。

老大是个小女孩。老二还没等我们看清男女,就挂了。我难过得如丧亲人。

老大长得像风吹的,好快。它胃口也好,不停地吮吸,吸罢一个又吸另外一个,从下面爬到上面,从这边爬到那边,看到它吃饭时的欢实劲儿,你根本不相信它刚生下来不久。

老二不行,它总吸不到奶,有时好不容易逮住一个奶头,又被老大给碰下来了。它就在妈妈的肚皮底下来回地爬,爬得久了,就没劲了,爬得越来越缓慢。看客们急得直冒汗,可有劲儿帮不上忙。

“是不是奶不够吃?”我眼巴巴地望着妈妈说。

“谁知道呢?”妈妈给浩然妈打电话,浩然妈说可以买益母草膏给它吃,下奶的。妈妈就去药店买了一瓶,让爸爸喂雪儿。

爸爸给小狗喂药有绝招:当小狗不想吃苦药时,爸爸会趁小狗不注意,把药和小狗喜欢吃的东西拌在一起,小狗就会吃下,等它发现已经晚了。

爸爸故技重演,但益母草膏可能是太难吃了,雪儿就是不吃。

“估计是药有气味,狗鼻子灵,闻出来了。”妈妈说。

老二越来越弱,动得也慢了,后来干脆不动了。怎么办呢?一家人一筹莫展。

妈妈最急,她母性大发,过去拿小狗想帮它吃口奶,意外的事情发生了,雪儿对着妈妈就是一口,妈妈的手指流血了。

妈妈气得大哭:“你个没良心的,饿死你的孩子我也不管了。本来好心帮你,你不领情,还咬我……”

雪儿好像没事儿人一样,依然伸着舌头,大口喘气。

其实,它在真咬妈妈之前,先发出过警告:喉咙里发出可怕的声音,装着要咬的样子,没有真咬。平时它就这样,你跟它玩,它装着要咬你手的样子,但咬得很轻,轻得你刚好发觉但又不疼。这次情况有变,妈妈知难未退,它就真咬了。

动物护崽,本性所为,没办法。这就应了那句话:你的柔情我永远不懂。

我和爸爸轮番劝妈妈,爸爸带她去医院打疫苗。

老二动得更少了,我想出了最后一招。

我给雪儿准备了丰盛的大餐,有酸奶,有牛肉,有蜜枣等,都是它爱吃的。趁它不在,我把老大放到另外一个屋里藏起来,箱子里只有老二,雪儿没有选择了,总该喂老二几口吧,老二说不定会起死回生。没有老大了,老二总该能吃着了吧。

雪儿吃饱喝足回来,发现少了老大,就满屋子找。它挺识数的,少了一只也知道。

它当然找不到,这时,发生了至今我从未见过的惊人一幕:雪儿以迅雷不及掩耳的速度,把老二叼起来就跑,藏到洗手间的桌子底下去了,人够不到。我吓坏了,以为它会把老二杀死或吃掉,我求助于爸爸。

爸爸说,物竞天择,适者生存。这是自然界的法则,没办法。这很明显,雪儿选择了强壮的老大,发现老大不在了,知道了咱们人类做了手脚,它又没有其他办法对付人类,只有采取这种下策来逼咱们交出它的老大。赶快给人家送回去吧。

我听得一愣一愣的,来不及细辨爸爸话语里的真伪,就乖乖地把老大抱了回来。

过了一会儿,雪儿出来了,嘴里还叼着老二。

这一回合,它完胜。

老二说不清会动还是不会动,是不是死了,这是个问题。

雪儿只顾老大,对老二不管不顾,好像老二不是它生的。不知又过了多长时间,老二一下也不动了。趁雪儿不在,我拿着老二仔细看了一遍,捏了捏,又把手放到鼻子处试了试,确定它已经死了。

爸爸妈妈都不愿把老二拿出去,我迫于爸爸的威力,用一张洁白的卫生纸把小得可怜的老二轻轻地包裹起来,带到楼下,在一棵朝阳的大树下挖了个小坑埋了。

我心里一阵难过,从未有过的那种,眼泪顺着眼角流下来,我也不想擦。

不知雪儿是不是发现老二不在了,反正它一点也不在乎,该吃吃,该喝喝。正应了那句"凡事别往心里搁"。

妈妈喊我吃饭,我一点胃口也没有。妈妈取笑我,说我感情还怪细腻,像个小女孩。

我觉得老二也是条生命,就这样没有了,太短暂了。

快一个星期了,我给雪儿洗了澡,给老大也洗了。箱子也换了新的,屋里的空气猛一新鲜。说实话,大热天的,雪儿在家里坐月子,屋里那味儿,要多难闻有多难闻,我们强忍着,谁也没说啥。清理一下后,感觉好多了。

雪儿的智商我觉得比两三岁的孩子要高,它怕老大热,一会儿把老大叼到地板上凉爽一下,一会儿又把它叼回去,来回自如。

雪儿的情商也挺高的。只要一听到老大的叫声就知道老大饿了,它就会跳进箱子里,侧着身子给老大喂奶。老大如果吃不住或吃着不舒服,雪儿就会调个头,再换个姿势。

当个母亲真不容易!

我小时听过羊羔跪乳的故事,小狗不知会不会。如果知道母亲这么不容易,说不定也会的。我希望老大也会。

想想妈妈也挺不容易的,一把屎一把尿把我拉扯大,我有时总是不听话,惹她生气。其实最该跪乳的是我。

妈妈,我爱你!

我在心里说。

"妈……"见到妈妈时,我一句话还没说囫囵,泪水已止不住地流下来。

妈妈把我搂在怀里,嗔怪说:"这孩子这两天跟着了魔一样,咋的了?"

边说边轻抚我的头发。我哽咽了,把妈妈抱得更紧了。

说点开心的吧。

“给老大起个名字吧。”我对爸妈说。

起了一大堆,最后决定用妈妈起的:Lily。Lily 在英语里是百合花的意思,妈妈说像个小女孩的名字,土洋结合,说明起名字的人是有文化的。

“我给大家推荐一部电影,看罢你们一定会掉泪的。”爸爸又在卖关子。妈妈说不信,我说我才不会呢。

爸爸打开电脑,找出他存的视频,我们一家人坐在一起看。

电影的名字叫《义犬八公》。故事并不复杂。

音乐教授帕克收养了秋田犬八公,八公与帕克一家建立了深厚的感情。帕克每天下午 5 点 10 分下班乘火车回家时,八公都会到车站来接他。有一天,帕克在课堂上心脏病突发去世,八公没有在车站接到教授。此后的 9 年时间里,八公每天下午都准时出现在车站,等候再也不可能出现的教授走下火车,一直到死。

我哭得稀里哗啦,妈妈把一盒抽纸全干掉了。

爸爸看着我们哭,笑眯眯的,但眼里也闪着泪花。

“咱们也叫老大八公吧。”我说。爸爸同意,妈妈没吱声,我知道她舍不得她的 Lily。

“不如这样,就叫八公 Lily 吧,或者 Lily 八公。”

最后一家人一致同意,叫八公 Lily。

送人玫瑰，手有余香

——第一次挣钱

我才 12 岁，没有挣钱的资格，却有挣钱的经历。

最近手头有点紧，得想个挣钱的法儿，可到底干什么才能挣钱呢？老马识途，我问计于爸爸。

"我告诉你个快速挣钱的法儿。"爸爸对我说。

"什么法儿？不妨说来听听。有价值我给你提成。"我可没想当什么君子，老祖宗说，君子固穷。

"卖报纸。全省有 6000 多人都在卖我们《大河报》，大多数人都能通过卖报纸养活妻儿老小。"爸爸很没有信心，他觉得我不会干，才啰里啰唆地这么说。

"就这样定了，我明天就去卖报纸，他们能挣钱，我凭啥不能？"我觉得这是个开源的办法。现在世界经济都不景气，欧债危机最严重的希腊已经处于衰退的第五个年头，目前几乎面临退出欧元区的危险，希腊总理萨马拉斯与欧洲领导人密集磋商，前往德国和法国，表达希腊完成经济改革和财政紧缩目标的决心，以取得两国的信任。不过，德国总理默克尔和法国总统奥朗德再度上演拖字诀，强调希腊应证明减债减赤计划的可信度……

这是我刚关注的新闻。挣钱这么难，少挣点比不挣强。

我把闹铃定在早上 5 点。平时我都是 6 点起床，放假可以睡到 7 点，如果爸爸妈妈都在背床，我也会睡到 8 点。

一文钱憋死英雄汉。

我现在财政赤字严重，再不挣钱，我心爱的麦辣鸡就拜拜了，我钟爱的冷饮也不理我了，我喜爱的“好吃点”也会移情别恋了。

没有了钱，“爽歪歪”爽歪的是别人，我一点也不爽，更不会歪。为了稳定我周围的形势，舍得一身剐，敢把钞票挣回家。

闹铃跟催命鬼一样，吵闹声撕心裂肺。我想把它扔出去，想把它砸了，想把它法办了、活埋了。

我使劲儿揉着惺忪的睡眼，手上沾了不少眼屎，我也顾不了许多，穿上我借来的红马甲就冲出了家门。

爸爸说过，报纸的竞争就是时间的竞争，没有时间作保证，报纸就成了一堆废纸。新闻是易碎品，别人的报纸一上市，你的报纸就不好卖了，前一会儿是报，后一会儿就是纸，报纸砸在手里，一分钱也不值。

爸爸让我单独核算。

我只有一张大钞了，舍不得打开，一打开它就会投靠别人。我跟奶奶借了 6 块钱，报纸批发价是 3 毛一份，我准备卖 20 份。

知己知彼，百战不殆。我要先看看行情，要是第一天卖得顺，我第二天再多进些。卖得不顺，我就少进些。

小本生意赔不起。

昨天晚上下过大雨，街道湿漉漉的，像在水里洗过。花朵也像洗了澡，生机盎然，幼苗受到滋润，显得更加茁壮。雨后的城市空气清新，万物也显得特别有生气。

大雨将炎热消灭得干干净净。

我骑上车奋力向前飞奔，凉风把我浑身上下都吹透了。我紧咬牙关，想通过运动增加热量。

发行站前围了许多人。旁边两只臃肿的麻雀在无所事事地闲聊，一只干瘦的麻雀在贼头贼脑地觅食。

尽管是夏天，可天刚下过雨，大清早还是有些冷的，我在冷风里瑟缩。正好有一个穿红马甲的老太太往外走，我趁机填了空。

屋内的空气像发酵过，馊馊的，我尽量不呼吸或是少呼吸，可氧气对人的诱惑力实在太大,我大口大口地喘气,馊馊的空气嗖嗖地涌进我的肺里,我感觉心脏和脾脏错了位。拥挤的人们像一台台空气收割机,把屋里的空气掠夺一空。

“你也卖报纸?”老太太站在门外审问我。

我点点头。不是我不喜欢说话,我怕一张嘴,馊气明目张胆地往我嘴里灌。

“怎么这么小的孩子就来卖报纸?你父母都下岗了吧?穷人家的孩子早当家。”我使劲儿摇摇头,我觉得老太太有点自说自话了。

我站得两腿发麻,这比老师罚站厉害多了。

我到发行站的时候6点刚过,7点过了报纸还没来。

报纸送到的时候,我被淹没在人流里,差一点被呛死。

等大家割据结束,我才捞到一杯残羹剩汤。

天阴得能拧出水来。霎时间,雨又开始下了,像是天上的银河泛滥了一般,大雨从天边狂泻而下。

我把报纸裹在雨衣里,凉风冷雨继续沐浴着我。风夹着雨滴,像在寻找什么,东一下,西一下。行人还没找到避雨之处,雨又噼噼啪啪下起来。

湿漉漉的衣服零距离接触我的皮肤,好难受。

我把气都撒在自行车的脚蹬子上,地球对脚蹬的引力越来越弱。爸爸告诉过我,批了报纸后,要迅速地找个人多的地方,在人们上班之前把报纸卖掉。

我家门前不远有个车站,早上人多得像闹蝗灾。我到那儿的时候,穿红马甲的老太太也到了。她六十多岁,衣服破旧,脸上布满皱纹,手上青筋暴突。人倒挺精神,和我奶奶差不多。

“卖报,卖报,5毛钱一份。”老太太熟练地开了张,我也得学着喊,但张开嘴后却没有了声。

我想让老太太对我进行简单的岗前培训,可老太太根本不拿正眼瞧我,只用眼睛的余光扫我,恶狠狠的。

没办法,人家的地盘人家做主。我是外来户,是入侵者。我尽量不跟她的眼光碰撞。

路人行色匆匆,没有一个人注意我。我得把他们的脸强行扭过来。

“走过,路过,不要错过。瞧一瞧,看一看了,新出的报纸。”我豁出去了。奶奶常说,脸皮厚,吃块肉;脸皮薄,吃不着。

有好几个人给我行注目礼,但没有停下的。

书上说,要细分市场,要确定目标人群。我想,老头老太太一般不买报,他们是报栏一族,有闲没钱。

年轻学生一般也不买报,他们没闲也没钱。

中年人是买报的中坚力量,是中流砥柱。我把中年人确定为我的目标人群。

过来一个西装男。“叔叔,看报吧,西郊发现了加拿大一枝黄花。”西装男犹豫了一下,掏出5毛钱,我连亲吻他的心都有了。

开张了,我掘到了第一桶金里的第一个小金块。这黄黄的5毛硬币多像黄金啊,好可爱呀,我没有亲西装男,我亲了小硬币一下,也许小硬币上有很多细菌,可我就是想亲。

过来一个高跟鞋女。“阿姨,买报吧,东郊惊现食人鱼。”我把读者最想知道的内容提前告诉他们,吊他们的胃口。读者就是我的上帝,就是我的衣食父母,为他们服务我心甘情愿。

“我没有零钱。”高跟鞋女想溜。

“我帮你找开。”上钩的鱼,我是不会让它脱钩的。

高跟鞋女露出厌恶的表情,她的眉头皱成了一个疙瘩。我想告诉她,皱眉有碍观瞻,爱长皱纹,没等我开口,她排出一块硬币,从我手里抢过一份报纸。我找了她5毛钱,她甩一甩波浪,随风而去。

我忽然有了种成就感。

我把一块钱紧紧地攥在手里,攥得手心直出汗。我第一次感觉钱这么好,这么可爱。

“大雨滂沱,弹雨枪林,大雨倾盆,大雨如注,风吹雨打,风车雨马,风驰雨骤,风风雨雨,风鬟雨鬓,翻手为云覆手为雨,翻手云覆手雨,风霜雨雪,风调雨顺,风潇雨晦,风行雨散,风雨不测,风雨不改,风雨不透,风雨对床,翻云覆雨,覆雨翻云……”我大声地喊着。知识改变命运,我相信。

这是语文课堂上老师让同学做的成语接龙游戏,我都记住了,没想到在这儿派上了用场。

这招是跟李阳学的,就是疯狂英语的那个。他在兰州大学时,在一个亭子,对着人,对着风,对着雨,对着寂寞喊英语,把自己喊成了中国英语第一人。

我很佩服李阳,我们都姓李,名字也差不多。

风还在吹,雨还在下,我不再冷了。

才半个多小时,我就卖了十多份。全部卖完,我可以挣 4 块钱,买一个巨无霸不够,买份冷饮正好,可没有吃的。买麦辣鸡?不知够不够。

有好几滴水落到我的脚上,我站在车站的遮阳篷下,遮阳篷不漏,水从何来?又掉下一滴,我看清了,是我流的口水。

等卖完最后一份报纸,天已经放晴了,太阳露出了不完全的笑脸。

“啦啦啦!啦啦啦!我是卖报的小行家,不等天明去等派报……”我唱着《卖报歌》,准备去麦当劳好好犒劳自己一下。

这时,我发现老太太正在拿眼剜我,她的报纸基本没动。我的心脏像被人用大头针戳了一下,眼泪在眼眶里打转,就是找不到夺眶而出的洞口。

我不想吃麦当劳了,我没有胃口。

我回到家,把本钱完璧归奶。看见奶奶,我又想起卖报的老太太,都是因为我,害得她的报纸没卖出去。

我是练摊,挣不挣钱都无所谓,爸爸妈妈是我的后台老板和后台老板娘。

老太太的报纸卖不出去,可能就会饿肚子。我飞快地向车站跑去,老太太已经离开了,她一定是带着满腔的幽怨离开的。

我狠狠地拍了一下自己的头。

一晚上我都在床上“贴烧饼”,第二天一大早,我来到车站,把昨天挣的 4 块钱给了老太太。

“对不起,奶奶,我昨天影响你生意了。这算是对你的补偿,我只挣到这些。”老太太先是吃惊,后是拒绝,我坚持让她收下,她看我是真心实意的,就收下了,还送给我一个甜甜的微笑。

送人玫瑰，手有余香。

这个微笑，我足足等了两天。

回去的时候，太阳也对着我笑，跟老太太的笑一样甜。

“我不知道，我不知道，我不知道，是什么好征兆，太阳公公出来了……”

下潭降龙，进穴捉虎

——第一次去工地打工

放暑假前我对爸爸说："我要去打工。"正在看欧冠决赛的爸爸如五雷轰顶，面无血色。

我家的父辈及其以上都是农民。除了我爸爸，我们家的主要成员都曾外出打工或正在打工。我爷爷是小学老师，也是文学老年，我听爸爸说过，爷爷曾到水泥厂打过工，差点为此丢了"铁饭碗"。

我二叔叔和小叔叔在我爸爸的原工作单位承包了一个食堂，后来我三叔叔友情加盟。

"你是不是吃错药了？我们家辛辛苦苦才有了目前的局面，容易吗？你要去打工，你觉得我们家打工的人还不够多吗？你觉得打工很轻松吗？你觉得打工比学习轻松吗？"爸爸一连串的"吗"像一连串的子弹无情地射向我，弹无虚发。

欧冠决赛在AC米兰队和尤文图斯队之间进行。AC米兰队队员：迪达、科斯塔库塔（儒尼奥尔）、内斯塔、马尔蒂尼、卡拉泽、加图索、皮尔洛（塞尔吉尼奥）、西多夫、科斯塔（安布罗西尼）、舍甫琴科、大因扎吉，全是大牌。尤文图斯队队员：布冯、图拉姆、费拉拉、图多尔（比林德利）、蒙特罗、卡莫拉内西（孔蒂）、塔奇纳迪、戴维斯（萨拉耶塔）、赞布罗塔、皮耶罗、特雷泽盖，大牌全是。

电视上正演着关键时刻，AC米兰0：0尤文图斯，点球大战，激动人心。

最终,AC 米兰 4∶2 尤文图斯点球获胜捧杯。

AC 米兰队是爸爸喜欢的球队,我也喜欢。

看着爸爸脸上洋溢着胜利的喜悦,获胜的仿佛是他的家人或自己,我趁机解释道:“我是想利用假期,去体验一下打工生活。”

“吓死我了,为了让这个家下一代不再有人打工,我吃了很多苦,受了很多罪,想了很多办法。要是连你也去打工,我会气得吐血。当然,体验一下是可以的,吃水不忘挖井人嘛。”爸爸的脸上有了血色。

“我想去二叔叔的饭店打工。”我吞吞吐吐地说出了自己的想法。

“为什么想去那儿?”爸爸的脸上恢复了血色。

“第一次打工,没有经验。听说外面的老板心可黑了,不光不给钱,还限制人身自由。”

“你们一放假,你二叔叔他们学校也放假了,饭店关门了,你咋打工?”

“小叔叔往年放假都去建筑队打工,去不了饭店,我可以跟小叔叔去建筑队。”

“你真敢去?”爸爸脸上的血色超标了。

“又不是龙潭虎穴,有啥不敢去的。就是龙潭虎穴,我也要下潭降龙,进穴捉虎。不入虎穴,焉得虎子。”我看到爸爸过于担心,想开个玩笑,给凝重的空气增加点活泼的调料。

“你不可能吃得了那里的苦。”爸爸头上的血管继续膨胀,脸已变成紫色。

“小叔叔能吃得了的苦,我也能吃。他是人,我也是人,我不比他缺胳膊少腿。”我用能砸碎大理石的力度说。

“不要后悔。”爸爸的眼里蓄满了疑惑。

“大丈夫一言既出,驷马难追。”我豪气冲云霄。

“哟,乳臭未干的毛孩子,也敢称大丈夫,最多是个小豆腐。”妈妈笑眯眯的,脸上写满了轻松,“让他去吧,不要做温室里的花朵,我支持儿子的行动。妈妈可以对你进行物质上和精神上的双重赞助。”

“予购三百盆,皆病者……”我大声朗诵刚学过的《病梅馆记》给自己打气。

妈妈给我买了一双鞋，就是当兵的穿的那种，人称解放鞋。这种鞋在我们老家叫水旱鞋。我收拾了几件衣服，有 AC 米兰队服，有乔丹篮球衫，耐克鞋也带上了。我还带了几本书，其中的一本是《鲁宾孙漂流记》。鲁宾孙在孤岛上都能生存，我在工地上为什么不能？我要在体力上武装自己的同时，也要在精神上武装自己。我要体力和精神双丰收，我要双赢。

去学校路程很远，坐公交车，倒两次车，我一点儿也不觉得累。天天待在学校里，一切都是固定的，少有变化。回到家里，写作业、练琴、听妈妈唠叨，身体累，心里更累。这一出市区，我像放飞的小鸟自由飞翔，海阔凭鱼跃，天高任鸟飞。

汽车在飞驰，两边的行道树绿荫如盖。补充氧气、净化空气、美化城市、减少噪声，是行道树的美德，我长大也要向行道树学习，多做对人们有益的事。

春风得意马蹄疾，我顺利地来到小叔叔的学校。学校坐落在西郊，我美好的童年时光就是在这里度过的。

小叔叔把我领到他的宿舍。这是一排红砖瓦房，四周没有树，可以充分地享受阳光。

爸爸老上夜班，成天见不到阳光，跟耗子一样，爸爸说的。他要是住在这样的房子里，可以无时无刻地享受阳光的洗礼，该多好啊。等我有了钱，一定给爸爸盖间阳光明媚的瓦房。不，是两间，住一间空一间。空的那间他可以随意布置，想干啥就干啥。

小叔叔推开门，一股热浪把我冲了个趔趄，我好不容易才站稳了。和热浪一块儿冲出来的，还有汗臭味、烟臭味、剩菜剩饭味。

下午的阳光更加炽烈。不过夏至不热，夏至三庚数头伏。夏至以后，阳光直射地面的位置逐渐南移，北半球的白昼日渐缩短。民间有“吃过夏至面，一天短一线”的说法。瓦房和太阳亲密无间，苍蝇和瓦房亲密无间。接待我的，是一群兴奋的苍蝇。一看见来个胖子，它们乐不可支，手舞足蹈，欢呼雀跃。

“你先睡一会儿，我还要去做饭。”小叔叔在建筑队做饭。

我刚合上眼，觉得手上好疼好疼，比针扎的疼多了。我慢慢把手抬起来,想侦察一下是何方的敌人来袭击我。“嗡”,一只趴在手上的蚊子被惊动了,它快速升空,飞出我的视线。

我的胳膊、腿、脸都开始疼起来了,有时是此起彼伏,有时是疼痛总动员。

睡意全被蚊子赶跑了。采血的蚊子跟护士扎针一样,在我身上尽情地抽血,既不化验,也不消毒;几只贼头贼脑的苍蝇栖息在我身上,跟蚊子比起来,苍蝇讨厌多了。它不光叮来叮去,还要很享受地哼哼,向我夸耀它的丰功伟绩。

我开始查数,查了1004.5个数,我还是睡不着。之所以有半个,是我正准备查1005的时候,一只苍蝇突然袭击了我,打断了我的思路。

瓦房像个大蒸笼,我就像蒸笼上的包子。汗不停地从我的脸上流下,我的每一个毛孔都像一台抽水机,把我身上仅存的一点水分也给抽出来了。我想喝水,开水已经没有了,我就喝凉水。活人不能让渴死,我对着自来水龙头放肆地喝着,我觉得我的喉管成了抽水机。

我想吐,水在肚里放肆地叫着撞着,我的胃举手投降了。

我奇怪,小叔叔为啥不装个空调?我们家每个房间都有空调,夏天我都是开着空调睡觉。最差也得有个电扇,瓦房里被我仔细地搜索了一遍,连老鼠洞都没放过,只有电线,没有电扇。

我找出《鲁宾孙漂流记》,想看看老鲁是怎样渡过难关的。老鲁住在荒郊野外,根本就没有房子,只有凉爽的海风,轻轻地吹拂着他,滋润着他。我这儿连风的影子也没有,国情不同,不比了,我把书又合上了,眼皮直打架。

我索性走出房间。工地离瓦房很近,远见一幅红色标语:安全生产,违法必究,文明人建文明工地,优秀人建优秀工程。近处又见一对联写在红布上:高楼手中建,为国为民修大厦;重担肩上挑,保质保量干工程。横批:完美竣工。看来学校的工地也显得有文化。楼盖了一半,主要工作是和泥和砌墙。

虽然有太阳,工地还是比瓦房里凉快多了,我站在那儿看他们干活。一个系领带的男人正在指手画脚,我的出现吸引了他的眼球。

“一边玩去,在这儿干什么?”他恶狠狠地对我喊。只有仇人相见,才会分外眼红,我跟他从未结过梁子。

“你管呢？这又不是你家。”我这人吃软不吃硬，好说好商量，你真要耍横，谁怕谁呀？

我把我那有限的胸脯使劲儿挺了挺。

“不听是吧，砸着你该你倒霉。”“领带”冲我耸肩。他的目光不移开，我也不移开，我们的眼光在角斗。

“砸住你也不会砸住我，吉人自有天相。”我的拗劲上来了。

旁边一个推车的大叔把“领带”劝走了，还给我使眼色，意思是见好就收。

我百无聊赖地来到小叔叔做饭的地方。小叔叔正在切菜，一棵白菜很快就被剁得粉身碎骨，被小叔叔强行推进滚烫的开水里。白菜在锅里痛苦地挣扎着，备受煎熬。

人除了干活，就是把大量的粮食转变为大便和小便。

“怎么不睡了？”小叔叔关切地问。

“我想干活。”我言不由衷。

“不急，有你干的。不让你干你想干，真让你干了，你就不想干了。”小叔叔边煎熬白菜，一边跟我说话。

吃饭的时候已经是晚上 7 点多了，一个个手掂瓷盆，有烩面碗两个大。推车的大叔盛了两勺冬瓜，正准备盛第三勺，手被小叔叔按住了。“瘸子，这是菜，不是饭，你盛完了，别人吃啥？”我才发现推车大叔的一只脚是跛的。

不是冤家不聚头，“领带”也来了。小叔叔把一碗包子递给他，满脸堆着笑。“领带”也不客气，捏一个放在嘴里嚼着，他在美美地享受着特权，他一定是这里的特权阶层。

特权和腐败是近亲。

“领带”忽然发现了我，像吃包子时咬住了死耗子，他浑身的血都涌到脑门上了，嘴唇因为供血不足，变得煞白。

“你怎么在这儿？”还真应了那句老话，他的地盘他做主，他的话咄咄逼人。

“忘了介绍了，这是我侄儿，想来这儿打几天工。”小叔叔把全身的笑细胞全挤到了脸上。

“我们这儿不缺人。”“领带”像个高傲的王子,我知道犯到小人手里了。

“看在我的面子上,把他留下吧,我已经答应他爸爸了。以后你到我家食堂,想吃什么说一声,我亲自给你做。”小叔叔头点得像鸡叨米。

“不发工资。”“领带”的身体里严重缺笑。

“少发点。让孩子高兴高兴,实在不行,从我的工资里扣点给他。”小叔叔边点头边哈腰。我觉得对不住小叔叔。人遇弯腰树,不得不低头,我也没敢再说什么,怕给小叔叔惹来更大的麻烦。

“一半,每天30块,愿意留下,不愿意走人。”估计是小叔叔的允诺起了作用,“领带”下了特赦令。小叔叔忙给“领带”让烟,还把剩下的烟装进“领带”的口袋里,“领带”纳了没笑。

后来我才知道,“领带”姓周,是这里的工头。

只要有地位,就有优越感,地位不高,优越感不一定不高。

我盛了半碗冬瓜,吃了一口没咽下去,太酸了,因为菜里没有油。剩下的冬瓜躺在碗里,像被打下十八层地狱的癞蛤蟆,面目狰狞。

小叔叔趁“领带”不注意,给我拿了几个包子。

“就怕你吃不惯,专门给你留的。去旁边吃,要让别人看见了可不得了。”小叔叔像《潜伏》里的特工一样,压低声音跟我说。

“他也是一个打工的,凭啥要搞特殊?”我愤愤不平。

每个人都是生命,却有天壤之别。

“包子有肉不在褶上。你看不惯的东西多着呢,忍几天走了算了。”小叔叔摇头。

我吃的包子褶子上没肉,里面有。小叔叔他们吃的白馍。包子有肉不在褶上,说的是包子,白馍不是包子,连包菜都没有。

小叔叔他们吃完饭,都要舀些水,把碗涮干净,再喝下肚。这倒不错,碗筷上本来就没什么油水,用水一涮,就和先前一样干净了,再把水喝了,碗筷上所有的残渣都被正法了。

打工时间不长,却经历了很多事情,让我终生难忘。

我最不能理解的是,我一天没干完,竟然下岗了!

我的心在滴血

——第一次下岗

头一天我没干活。

太阳累了一天,休息了。

夏夜竟是如此迷人。夜幕降临,路灯开始活跃。晴朗的夜空,像蓝色的地毯。月亮像亭亭玉立的少女,透过云层,散发出皎洁的柔光。那闪闪烁烁的萤火虫像火花,一团团、一簇簇,翩翩起舞,仿佛空中的星星散落人间,到处都是它们的舞台,它们尽情地舞啊舞啊。青蛙在稻田里纵情地歌唱,草丛中的蛐蛐像是在抚琴。

“山光忽西落,池月渐东上。散发乘夕凉,开轩卧闲敞。荷风送香气,竹露滴清响。欲取鸣琴弹,恨无知音赏……”睡吧。

夜里睡不着,想和小叔叔说话,小叔叔嗯嗯几声后很快就进入了梦乡,鼾声争先恐后,就像“领带”的脾气。蚊子像微型航母,盘踞在我的身上,饿了就吃,渴了就喝,困了就睡。我使劲儿朝蚊子集中的地方拍去,蚊子应声毙命。由于用力过猛,自己将自己打得龇牙咧嘴,也差点成了蚊子的陪葬品。

“快起床,该干活了,晚了要扣工资的。”可怜我的眼皮刚合上,一帘幽梦还没开始,就被小叔叔摧残了。

我使劲儿看,什么也看不见。天本来就没亮嘛。

来到工地,人还看不清脸,只听到稀稀拉拉的鸡叫声和“领带”的声嘶力竭的吼叫声。“快点儿,一会儿天就热了,趁着凉快多干点。”

这不是“周扒皮”吗?我的思维快速地旋转着,“领带”正好也姓周,对,他就是“周扒皮”,半夜鸡叫。

“我干啥?”我问小叔叔。

“你看看你能干啥,我去跟经理说。”

我来到砌墙的地方,下面有人往上扔砖,上面的人伸手就抓住了,这事儿不赖,就干这。

我抓住一块砖就往上扔,砖被地球吸引到我身后去了,落在和水泥的池子里,溅起一片泥浆。

我眼前发白,脑子里冷寂得空无一物。

扔砖的人和接砖的人都傻了,成了雕塑。小叔叔说他第一次扔砖没扔好,砖掉在脚上,半个月都没好。

没想到扔砖也有技术含量。

“你去推沙吧。”“周扒皮”对我说。

我抓住车把,推了一下,车子根本不理我。我弯下腰,弓着腿,使出吃奶的劲,车子被我推跑了。跑起来的车子像脱缰的野马,横冲直闯,我没法让它停住,前面的人像躲禽流感一样乱跑着。小叔叔想学欧阳海用身体挡住这发怒的家伙,车子一头扎进小叔叔的两腿中间,小叔叔被撞进了池子。

车子和人在水泥池子里游泳。

等小叔叔从池子里站起来的时候,我看见血从他的裤脚流下来,我的心也在滴血。

没被撞进医院,小叔叔说这已经是万幸了。

瘸腿大叔把车拽出来,他让我装车,这是工地上最轻的活了。

“爷儿们,干活不如上学吧。”他以为我是学得不好,走投无路了才投奔工地的。

说句难听话,真是什么眼看人低。我在学校,说自己是全班第二,没人敢说是第一。怎么到了工地上就成弱势群体了?

我不服气。我把不服气都撒在沙里了,每一粒沙子在我眼里都变成了敌人,我要消灭它们,干净全部。

我很争气，可铁锹不争气，不说铲沙，光一个铁锹就够我对付的了。也不知铲了多少下，车子还处于半饥饿状态，咧个破嘴嗷嗷待哺。

瘸腿大叔怕耽误干活，自己亲自铲，车子很快就吃饱了。瘸腿大叔把车推走了，我才得以休息一下。

太阳升高的速度呈火箭发射的态势一路上扬，太阳的热度和上升的速度呈正比例增长。

我汗流浃背，我挥汗如雨，我汗滴禾下土。说我排出的汗有两瓷盆，一点都不夸张。

我的水旱鞋里全是汗水，一踩一滑，还咕叽咕叽响。

我手上的水泡像冬眠的青蛙，半死不活地看着我。我咬紧牙关，使劲儿地铲，车子吃得往外吐，我还在装，我想通过不合情理的举动，减缓绝望的程度。

水泡很快变成了血泡，血泡很快变成了紫泡，紫泡终于解体了。

“几点了？”我问瘸腿大叔。

“有8点多了。累了你去歇一会儿吧，别累坏了。”

天哪，我辛辛苦苦干了半天，才8点多，我以为至少有11点多了呢。

我抬头看了看太阳，太阳晃得我眼疼。

“放声地笑一回，大胆哭一场，抬头望一望一片灿烂的阳光，该遗忘的总遗忘，该原谅的就原谅，所有烦恼都不要放心上，不必再多讲……”这歌很符合我此时的心境，可我没劲儿唱。

小叔叔过来了，我从没见过他这么亲切。

小叔叔还是我的亲叔叔，他最疼我。

“你回去吧，这里有人要来检查。”

“我不回去。我生是工地的人，死是工地的鬼。”我够幽默的了，为什么没人笑呢？幽默需要有一定层次的人才能理解，大概就是这个意思。

我觉得像现在这样回去很丢人，我的自尊心受不了。

“不走会连累我的，也会连累工头。”小叔叔左眼看着我，右眼监视着大门口，我发现小叔叔的两个眼可以分别看不同的方向。他说完又去做饭去了。

这也太……太说不过去了。我来了还不到一天，怎么能这样呢？我就这样回去了，怎么跟爸爸交代？怎么跟妈妈交代？怎么跟老师交代？怎么跟同学交代？怎么跟我自己交代？

会被爸妈笑话的。

爸爸说我定力不够，干什么事就是三分钟热度，热度一过就凉了。

妈妈说我干事情没常性，浅尝辄止，没有一件事是有始有终的。

这次我要让他们见识见识，他们的儿子是有恒心的，有毅力的，有始有终的，可……

过了一会儿，一辆耀武扬威的小轿车"嘎吱"停在工地上，从车上下来几个人。

是城管？不会，城管只管城市，这是郊区，不归他们管。

是交警？不会，这里和交通无关，交警不会在这儿横插一杠子。

是法院的？不会，这也没进入审判程序，乱抓人是要负法律责任的。

没容我继续想下去，一个穿制服的人对我进行逐行扫描。

"有身份证吗？"像个法官，更像个老师。

"没有。"

"多大？"

"12。"

"非法使用童工，罚款5000块。"

我的头"嗡"了一下。

我拿不到钱不要紧，有我爸妈呢。可小叔叔怎么办呢？他们家在郊区，小弟弟上学全指望小叔叔挣钱。小叔叔一年到头都在干活，从没见他歇过。平时跟我二叔叔干，早4点到晚10点，没有歇息的空。星期六、星期天也要干活。我一直想着，如果等我有钱了，就给小叔叔些，让他不要这样累了。

这下可好，啥忙没帮上，还帮了个倒忙。小叔叔让我给害惨了。

还有"周扒皮"，我虽然不喜欢他，可这次他也会受连累的，我心里总有些过意不去。

事情的处理结果是：我下岗了，一分钱也没拿到。

我觉得"周扒皮"有点不仗义，这是克扣农民工工资，是违法的。

小叔叔受了我的连累,也下岗了,也没领到工钱。这是小叔叔后来告诉我的。

我心里一直有个疑点:为啥我一去就有人检查?为啥小叔叔刚跟我说过,立马就有人检查?

妈妈说,凭她的经验,一定是我小叔叔心疼我,怕累着我,又不想直说,才演了这一出戏。

真是演的吗?

腰也酸了,背也疼了,腿也抽筋了

——第一次要求独立

一到星期六和星期天,我爸爸最喜欢干的一件事就是看NBA比赛。他是马刺队的球迷,我是湖人队的。遇到马刺队打湖人队,我们俩就可以结成统一战线了。

妈妈不看球,她说我们是疯子。

爸爸说:“钱难挣,屎难吃,求人膝盖要弯曲。”

妈妈说:“挣钱跟吃屎一样难,花钱跟拉稀一样快。”

我说:“钱虽然不是什么好东西,可也没必要拿屎作比喻。挣钱难是你没本事,我看有本事的人挣钱容易得很。比如比尔·盖茨、巴菲特、李嘉诚……”

“世界上只有一个比尔·盖茨、巴菲特、李嘉诚,他们不具有普遍性,也不具有代表性,我们怎么能跟他们比呢?”爸爸说。

“不服气你可以试试,我们不需要你的钱,只要挣的钱够你自己花,我们就心满意足了。”我知道,妈妈是在将我的军。

“挣就挣,谁怕谁呀。我有压岁钱,写稿也能挣钱,再干点别的,养活我自己没有一点问题。要是花不完,我还可以资助一个贫困生。”我的话一出口,爸爸的嘴快撇到耳朵根了。

“你想干啥,我们可以给你提供打工职位。你干活,我们付钱,怎么样?”妈妈想挖坑把我埋了。她以为我怕,其实她错了,光脚的不怕穿鞋的。

我本来想去拾破烂什么的,听她这么一说,正中我的下怀。

“成交。你们可得信守诺言,不能拖欠学生工工资。说吧,让我干啥?”我爽快,她惊呆。

“还能干啥?打扫卫生呗。其他的活儿你也干不了。”爸爸的信息高速公路转得比较快。

“我二婶子正干着呢,我这属于不正当竞争。”二婶子从农村来城市,由于没有文化,在外面找不到活儿干,生活比较困难,爸妈为了照顾她,让她给我们家打扫卫生,已经好几年了,每月付给她五百块钱。

“那没事,我们把付给你二婶子的工钱给你,你把你二婶子干的活儿干了,包括洗碗、收拾房间。”妈妈说。

记得从一本书中看过在中国目前百万富翁有几十万人,也就是说在中国有几十万个家庭有着上百万甚至更多的财产。

就拿一个家庭来算吧!父母几十年的人生中,每月平均要花2000元,以年轻挣钱多时算,20年每月花2000元,那就是48万。有了孩子后从出生到长大成人这一段时间算,从幼儿园上起,小学,初中,高中,大学,加起来就要有20多万的费用。40万买房子,15万装修加孩子结婚,单就这些加起来一共要123万,这还不包括投资理财、个人保险、看病等费用。

城市中,像我们这种家庭,父母一辈子下来多为百万富翁,但他们身为百万富翁却不知道,数字的背后我们可以看出父母的辛酸,辛辛苦苦一辈子成为百万富翁,却在不知不觉中成为了一个普通人。

做父母挺不容易的!

“行,从这个星期开始,我就走马上任了。不过我也有话要说。”我故意卖了个关子。

“说吧,家庭成员,人人平等。你可以畅所欲言。知无不言,言无不尽。言者无罪,闻者足戒。”爸爸背他那个时代的东西总是滚瓜烂熟。

“我挣的钱我说了算,怎么花我做主,你们不能横加干涉。”我在争取利益最大化。

“可以,但我们也有话要说。”我觉得这不是家,这是敌我谈判。

“说吧,你是庭长,言论自由。”我说。

“你是要全自由,还是要半自由?”爸爸说。我小心翼翼地听着,生怕掉入他的陷阱,大人欺负小孩一套一套的。

“全自由怎么说?半自由怎么说?”

“全自由是你的所有事都由你做主,包括交学费、吃饭、穿衣、旅行,我们顶多给你提供个住处。半自由是吃饭、穿衣我们也管,但有些事你得听我们的,比如业余时间你干什么。”狐狸终于露出了尾巴,他在这儿等我这个鸡雏呢。

其实我内心里也想自立自强,早日为父母减轻负担。

外国人18岁成年以后独立生活,连总统的儿子也会打工挣钱。我们应该学习外国人,给父母减轻压力,给自己一些动力,让父母活得潇洒一些,不要从百万富翁变成穷人。如果自己也能变成百万富翁,既能减轻父母的压力,也能给后代树立一个榜样。

我们去勤工俭学,去努力工作,去独立创业,去报答父母,去推动社会进步,让中国所有人都成为真正的百万富翁。

我经常思考到类似的问题,只是老想不清楚,也不知道该如何下手。父母的话,是挑战也是机遇。

挑战了才会抓住机遇。

“我要半自由。”我几乎想都没想,就选择了半自由。虽然是双选题,对我来说,跟单选题没啥区别。一旦选了全自由,我的财路就全断了,跟自杀差不多。人最怕的就是自不量力,循序渐进才是科学之道。

“也就是说你学费自理,旅行费自理,零花钱自理,招待同学自理,给同学或老师买礼品自理,包括给我们买礼品,你也得自理。当然,你可以选择不给我们买礼品,比如我们过生日,我们的结婚纪念日。”我真佩服爸爸的口才,没让他去搞外交,世界外交史上少了一个杰出人才。

“我现在12岁,我有半独立就够了。14岁,我要为全独立而奋斗。18岁,我一定独立,坚决不再受你们的牵制。”我说出了自己的远景规划。

“人是最不自由的动物,人的世界没有完全的自由。自由与不自由是一对矛盾,你对自己严格要求,你自由少了。你对自己不严格要求,你的自由更少,甚至你的自由会被限制。你对自己要求严格,你的老师、你的父母给你的自由就多,比如你们班的浩然,他把大量的时间都用在学习上,而且是主动学习,不用监管,家长对他放心,老师对他放心,对他的看管就松得多,他比你自由。下课他可以干自己想干的事,上课他也可以干自己想干的事,你不是说他在课堂上写作业不听课,老师不批评他,还表扬他往前学,有眼光吗?想一想,如果换成是你在课堂上写作业,抓不住不算,如果让抓住了,你就玩儿完了。"爸爸像个哲学家,又像个牧师,一口气说了这么多歪理邪说,我都不知他咋组织的,我要能这样文思泉涌,该多好呀!

三人行,必有我师焉!

"这话有道理。你要想自由,就得对自己严格要求;你对自己要求不严,你会失去很多自由。你放纵自己,你就失去自由了,因为别人不会给一个放纵自己的人自由。"妈妈被爸爸严重传染。

妈妈的思维比爸爸差得多,比我也强不到哪儿去,我不多佩服她。她有时会比葫芦画瓢,像是在升华,其实是原地踏步。

比如这次。

说干就干。

"我们请谁都是干,干得不好……"妈妈的话没说完就让我给截住了:"就要扣钱是吧,你咋跟地主老财一样,动不动就扣工钱,我是你儿子耶。"我一般不用"耶",这会儿连肉麻的"耶"都搬出来了,我容易吗?

"你别身在福中不知福,我们按月给你发工资,该发的一分不欠,你知足吧,出了这村就没这店了。如果现在的农民工都能享受到你这种待遇,还不得幸福死。"妈妈总想给人一种"撒向人间都是爱""万水千山总是情"的感觉。

"可以对我政策宽大。"

妈妈不多喜欢体育,但好打羽毛球。她只看男运动员比赛,林丹的必看,她说林丹长得帅,我一点也不觉得。再说,他和谢杏芳都结婚了。

电视上林丹和李宗伟的世界之战激战正酣,李宗伟落后,妈妈心情不错。我借机提出"非分之想"。

"那不行,没有规矩,不成方圆。亲兄弟明算账,算清了是恩人,算不清是仇人。我可不想当你的仇人。"典型的"马列主义老太太"。

对这种油盐不进的妈，我只能自认倒霉。

林丹鱼跃救球，滑了一下，球没救过去，丢分了。解说员正在为他丢分找借口，我狠狠地笑了两声，表示对妈妈的不满，妈妈完全沉浸在比赛中，没有追究。

我系上围裙，做饭的那种，妈妈的，有点大，凑合着也能穿。

妈妈说，因为我要上学，衣服脏了，她可以洗，要是为自己挣钱，把衣服弄脏了，就不给洗。

洗也可以，得掏钱。

我一分钱还没拿到手，她就开始打我的主意。花钱容易挣钱难，我不仅要学会挣钱，还要学会花钱，不能多开源，就得多节流。尤其是在挣钱的时候，一定不能把衣服弄脏了，要不然妈妈说我拿了工资，还让她白洗衣服，好像沾她多大光似的。

我这人一是一，二是二，最不愿沾别人的光。

为了干活时心情好些，我开始唱歌。

刷碗时唱《嘻唰唰》，拔鸡毛时就唱《脱掉》，刷马桶时就唱《劳动最光荣》，择菜时就唱《暗恋情书》……

我先把地拖一遍，妈妈说应该先扫再拖，我又扫了一遍，妈妈说应该用湿拖把，我用湿拖把拖了一遍。妈妈说把湿拖把洗净拧干再拖，我也照办了。

我在为自由而奋斗，可我突然感觉我越来越不自由了。我妈妈不再是妈妈，她成了“拿摩温”，成了“周扒皮”。

扫到妈妈脚下，她根本不看我，也不抬腿。

“请把你的腿抬一下。”妈妈听到我说话，把腿随便抬了一下，又放下了。

“我扫了你再放下，可以吗？”有这样欺负人的吗？

妈妈又抬了一下，眼睛盯在电视屏幕上。林丹和李宗伟各胜一局，打到平分。第三局 10∶10 平，一切归零，后面的才是最精彩的。妈妈的眼睛无暇他顾。

原来让我打扫卫生，是为了解放她自己。大人比小孩有心计，掉到人家坑里了,说什么都晚了,好在她会给我钱。

我扫完地又把桌子、椅子、柜子统统抹一遍,腰也酸了,背也疼了,腿也抽筋了,干活也没劲了。

林丹苦战三局,涉险过关。高兴是妈妈的,我什么也没有。

我已听到了霍霍的磨刀声

——第一次被罚款

妈妈看完一集韩剧,电视里正在插播广告。

她悄无声息地来到我的身后。

“要干就干好,不要猫盖屎。”她的脸板着,跟外人说她不是监工,不会有人信。

“啥是猫盖屎?”

“猫盖屎就是敷衍了事。”

“我干得够认真的了。”

“还说干得认真,抹桌子应该先用湿抹布抹一遍,再用干抹布抹一遍。你是这样干的吗?”

“杀猪杀屁股,各有各的杀法;萝卜白菜,各有所爱。我怎么干你不用管,只要抹干净不就行了。考试答题,只要结果对,步骤不一样也没关系。”我们家人跟爸爸一样,都很能说,可能是遗传吧。有时妈妈也跟我抢着喊爸爸,不过,爸爸不应该遗传到妈妈那儿。

唉,受妈妈影响,我也爱用“不应该”了。

我用干抹布把桌子抹了一遍。妈妈又看完一集韩剧。看电视剧一定比抹桌子爽歪歪。

“你认为抹干净了没有?”

“抹干净了。”

妈妈用手摸了一下门头，门头上的灰欢快地飘落下来，成了我的罪证。

“扣10块钱。”

“扣5块钱，以后注意就行了。”

“不行，严是爱，松是害。”

“你就害我一下呗，我不怕害。你是我妈，能害到哪儿去？”

“你知道家族企业为什么老是出问题吗？就是人管人落下的毛病。我们不能用人管人，我们要学会用制度管人。白纸黑字，合同上写着呢，执行就行了，没必要泡蘑菇。以后你闯世界也要这样，不能意气用事。”

苦口婆心，旁征博引，又说什么傻子瓜子，家族企业，十三香。家族企业发展的过程中，都会受到很多限制。我们应该学习牛根生，在蒙牛事业的高峰期，他选择分权；我们应该学习李宁，在事业的鼎盛时期，他退居二线；我们应该学习俞敏洪，懂得让贤；我们应该学习……

妈妈还想继续“我们应该学习”下去，来客了，这些人都是妈妈忠实的牌友。

我刚拖罢地，洁白锃亮。

“用不用换鞋？”袁阿姨问。当然要换了，没看见地是刚拖的吗，还湿着呢！

“不用。”妈妈说。真是站着说话不腰疼，平时她拖罢地，来了人都让换鞋，我拖地就不让换鞋了。做人的差别咋就这么大呢？

我忙着给她们找拖鞋。

“这孩子可以，知道照顾客人了。”姑奶奶说。

鞋没找够，一个胖阿姨穿着她摇摇欲坠的高跟鞋直接进来了。

“这屋里打扫得真干净，都可以当镜子照了。”胖阿姨在我心爱的地板上盖上一排排的章。

我想起鲁迅的名言：其实地上本没有路，走的人多了，也便成了路。走的人不多，就胖阿姨一个，照样能走出路。我又想起台湾校园歌曲《外婆的澎湖湾》中的“留下脚印两对半”，多有诗情画意，可现在像胖阿姨这样留下鞋印一串串，诗情画意就荡然无存了。

还是小沈阳说得好:走别人的路,让别人无路可走。我就无路可走了。

妈妈做了十几个菜,满满一桌子,还有好几个像踩高跷一样站在碗盘之上,更悲惨的是还有一罐汤没挤上去,只得委屈地蹲在餐厅一角。这要是往常,我的哈喇子早就奔腾不息了,今天的感觉不一样。我一直在考虑这么多碗这么多盘子怎么洗。

妈妈的朋友多是信阳人,喜欢打牌。就是吃饭前那一会儿工夫,也要来两把。不是打麻将,而是斗地主,就像饭前的开胃小菜。

"这一把我不该抓的,不抓肯定能赢。"妈妈喊吃饭,胖阿姨还在后悔。

"拉倒吧,我有两炸,我抓了你输得更多。就这吧。"姑奶奶年龄最大,牌瘾也最大。

吃东西味同嚼蜡。不是我的舌头麻木了,而是我的心麻木了。

天下没有不散的筵席。女士们准备打扫战场了,我正暗自窃喜,妈妈的话敲醒了我的梦。

"都别动,让李昂干。我们去打牌。"

"他是孩子,让他去学习吧。"袁阿姨怜惜我。她家儿子从来不让干活。生在她家真幸福,我为什么没生在她家?

"会生活的人才会学习。不会生活,再会学习也没用。咱们打牌吧。"

"下次吧,我们走了再让他干。"姑奶奶辈分最高,她在为我求情。平时姑奶奶对我也不赖,有好吃的了,留着等我星期天吃。

"养兵千日,用兵一时。我是付费的,他要不干也可以,扣工资。"妈妈铁面无私,边说话边摆麻将。

她们吃饱喝足,品着香茶,嗑着瓜子,开始"筑长城"。袁阿姨刚打出一个"发财",又起了一个,想反悔。妈妈攥着她的手,不让。妈妈要碰。

我跑了一趟又一趟,把碗碟运到厨房的水池里。

躺在水池里的碗碟,像一个个钉在历史耻辱柱上的汉奸翻译官,油头粉面的,不干一点好事。我一个一个地改造它们。当我认为把它们改造得很彻底时,妈妈像幽灵一样出现了。

估计是一圈打完了。

"洗干净,不然要扣钱的。"现在扣钱成了她的口头禅。

"保证没问题,经得起党和人民的检查。"

妈妈真的拿个碗摸了摸。

"还是黏的,碗洗罢要用净水濯一遍,用干净抹布抹干净,这些你都做了吗?"

她说着我干着,洗碗,洗筷子,洗勺子,洗盆,洗锅,我觉得人长两只手不够用,要长三只手就好了。我恨不得两只手当三只手用,真是晕了头,三只手那不成小偷了吗!

"都怨妈妈你,当初为啥不给我四只手。"

"要四只手干啥?"

"四只手干活快,相当于两只手的两倍。"

"少贫嘴。"妈妈又抓起一个盘子,没拿稳,盘子掉在地上粉身碎骨。

"这可不怨我。"我像一只待宰的羔羊,已听到了霍霍的磨刀声。

"罚款5块。"妈妈的血在脸上紧急集合。

"为啥呀?是大人就了不起了!是大人就可以乱罚款?"我迎着妈妈喷火的眼睛,寸步不让。

"大人没什么了不起,再过几年,你也会做大人的。我要告诉你的是什么叫心服口服。"妈妈抓着我的手,让我摸摸打碎的盘子底,盘子底确实是黏的,滑得跟泥鳅一样,抓不住。可……

我还没发出声就让妈妈堵回去了。

"我知道你想说啥,不是你打碎的,是我打碎的,应该由我负责。可事情总得有个前因后果,导火索是你没洗净盘子,你违约在先。"

从妈妈的口型可以预测,她还有很多很多话要说,无奈姑奶奶催得急,牌已码好了,三缺一,离了妈妈玩不转。

"来了,来了。"妈妈边走边对我说,"回头再跟你算账。"

好不容易把所有的汉奸翻译官改造老实了,我的腿肚子累得直想抽筋。

去掉围裙想坐那儿歇一会儿,妈妈说:"给客人续水。"我又屁颠屁颠地给客人倒水。

"我喝毛尖。"袁阿姨说。有的喝就不错了,还挑三拣四。

"您喝啥?"这会儿妈妈是我最不敢得罪的,象征性地问一下。

“我喝铁观音。”她跟别人还不一样。

“你叫什么名字?”胖阿姨笑容可掬地问我,她是第一次来。

“玛丽姬丝。”我脑子里正在想赵丽蓉演的小品《如此包装》,她在合同上签的就是玛丽姬丝。

“什么?”胖阿姨的眼球跑我脸上了。

袁阿姨笑得趴在麻将桌上,姑奶奶直张嘴发不出声。妈妈的眼光像锥子一样刺过来。

“不是,我叫李昂。”

“我想也不会起个日本名。”胖阿姨的心跟人一样宽。

“我可不喜欢小日本。他是看电视看多了,玛丽姬丝是赵丽蓉小品里的名字。”妈妈也是小品迷,我看小品的时候,她在旁边手捧腮作少女状。

我看大家打牌时都在嗑瓜子,瓜子皮扔了一地,我给每人送去一个小纸杯。

妈妈问:“干什么?”

我说:“请把瓜子皮吐在纸杯里。”

胖阿姨夸我懂事,讲卫生。妈妈在那儿打冷笑,阴阳怪气的。

要不是怕她们把地弄脏了我还得返工,我才懒得管她们的闲事呢。

“晚上吃啥?”妈妈边出牌边问。我才发现天已经暗下来了。

有说把剩饭剩菜热热就够吃了的,有说用剩菜下面条的,有说不饿的。

“你们去饭店吃吧。”我说。妈妈没有问我,我这算是主动献上一计,免费的。

大家一致反对,反对的原因是饭店里没法打麻将,裕达国贸有棋牌室,太贵,也不方便。她们研究决定在家凑合着吃点算了。

看来我刷碗是跑不掉了。

“我想喝小米汤。”我又献上一计,还是免费的,还是在妈妈没问我的情况下献上的,这叫献一送一。

“你话怎么这么多! 我问你了吗? 全不拿自个儿当外人。你平时不是不喝小米汤吗? 今天哪根筋搭错了?”我知道,妈妈早就想修理我了,只是碍于牌友的面子，一直忍着。

“喝小米汤碗好洗。”我一不留神把实话说出来了。她们一定以为我是大傻，哪有这么聪明的大傻！小米汤不沾碗，上面的残渣一洗了之。

“对，对，对，喝小米汤清淡，中午吃的是咸的，晚上吃点清淡的，舒坦。没想到这么小的孩子就懂养生之道。”胖阿姨一看就知道是美食家，脸上身上全写着呢。她的这番话是专为我设计的，胖阿姨不亚于宰相，她的肚里也能撑船。

“就是，我们家晚上都是喝汤，从来不吃干的。”姑奶奶在附和。

“《大河健康报》上说，人体摄入的盐有限，超标了有害健康。喝汤最养生。日本人为啥长寿？就是喝汤喝的。”袁阿姨旁征博引。

晚上 10 点多了，妈妈的牌友才依依不舍地散去。

“下星期六，不见不散。”胖阿姨发出了邀约。

“还在这儿吧？”妈妈半问半答。

“那当然，你儿子的服务绝对是一流的。哪天我做东，让你儿子借给我用用。”胖阿姨说罢哈哈大笑，她的笑声也是重量级的。

我又不是东西，怎么能借来借去的？也不能说不是东西！

我真希望下个星期生病。我不是包身工，生病了妈妈总不会像“拿摩温”对待小福子那样对我吧。

这个星期没病，干吧，早干完早休息，明天跟同学约好的，还要去体育场踢球。

“让不让我帮忙？你给我 10 块钱，我全替你干了；给我 5 块钱，我帮你干一半，客厅你不用管了。”妈妈的口气好怪哟。

“不行。”我从妈妈手里夺过扫帚，认真地扫起来，生怕漏掉半个瓜子皮，被罚款是最划不着的。

“妈妈，我给您出个脑筋急转弯。什么是罚款？”我对着妈妈的脸问。她知道有陷阱，但更好奇。

“罚款，不就是干错了事，把钱扣了吗？”妈妈试探着说。

“不对，所谓的罚款就是强者随便找个理由，明火执仗地对弱者进行掠夺。”我觉得说得好解气。妈妈说，随你怎么说。

等全部干完，我的眼皮开始打架，我劝不开，脸没洗就上床了。反正不洗脸又不罚款。临睡前妈妈说的一句话我记得最清楚："这个月最后一个星期的星期六给你发工资。"这么绕的话我都没忘。

唉，金钱也能强化人的记忆。

爸爸真是铁齿铜牙

——第一次让爸爸开家长会

下课了,王老师对我说:“明天开家长会,叫你爸爸来,一定不要忘记了。”

开家长会是家常便饭,一个学期至少开一次,我们都习惯了。成绩不好的担心家长开罢会回去找麻烦。我倒无所谓,我的功课门门都很好,表现不算最好,但也没有案底。

有时甚至希望老师开家长会,我还可以顺便露露脸。

正像我喜欢考试一样,一有考试我就可以拿第一,拿到第一,我就可以扬眉吐气,就可以向父母邀功请赏。

我父母都不是大款,甚至连大方都算不上,但在学习上他们舍得下本。为了让我有个好的学习环境,爸妈双双从事业单位辞职,把家由郊区移到市中心。这点还是让我很感动的。

爸爸的口头禅是:再穷不能穷教育,再苦不能苦孩子。

爸爸说他把我作为一种产业来经营,因为爷爷也是把他作为一种产业来经营的。投入得多,自然希望收获得多。

我学习还不错,爸爸的投入也许不会打水漂。妈妈说她喜欢宝马,但没本事买,全靠我了。也不知我有没有这本事。

我还是不愿让爸妈失望的。

开家长会我可以自由选择,让爸爸去,爸爸就得去,雷打不动的;叫妈妈去，妈妈也不能推托。

他们俩都愿意去，你想想，谁不愿意露脸啊？谁不喜欢听奉承话？

开家长会一般都是妈妈主动请缨。女的比较虚荣，妈妈觉得开家长会很受用。

“咱俩来枚吧。”爸爸跟妈妈说。

“我又不喝酒，跟你来什么枚！”妈妈不容商量。

“那老虎杠子吧，大压小也行。”爸爸总想来个公正、公平、公开。

妈妈勉强同意和爸爸来了个大压小，三局两胜，妈妈输了。

“moun tain top 就跟着一起来，没有什么阻挡着未来；day and night 就你和我的爱，没有什么阻挡着未来……”爸爸唱上了，他英语不错。

别看爸爸年龄不小了，但他喜欢学英语，他把《新概念英语》学过好几遍了。他有一个同学，在网上找到了新东方的课件，给爸爸传了一份，爸爸如获至宝，天天听。他说，免费听新东方老师的课，再不下劲，天理难容。

但妈妈就一句话，把爸爸的《High 歌》给噎回去了：“谁赢谁不去！”

“凭啥？你要赖！”

“开始你又没说谁赢谁去。moun tain top 就跟着一起来……”妈妈用智慧甚至说是狡黠，让爸爸开家长会的美梦胎死腹中。

此后，爸爸又申请过好几次了，都没被妈妈批准，气得爸爸直说眼见为实，耳听为虚，说成天将儿子吹得神乎其神，我倒要看看，到底有多神。爸爸的申请我还没批过，这不，这次老师亲自点将，我心里一直在打小鼓：为什么？

爸爸说他接受邀请，虽说他最近忙得不可开交，但对孩子来说，大人的事再大也是小事，孩子的事再小也是大事。

爸爸来得比较早，因为没开过家长会，容易激动。

我和另外几个班干部负责帮家长找座位。家长就坐在自己孩子的座上，每个位上都有考试卷和学籍卡。

都是家长，差别却很大。

学生的成绩都写在家长脸上，不信你看：面色凝重，像有人欠他几百斤谷子的家长，孩子的学习一般都是挂了红灯的；喜形于色，主动找人说话的家长,孩子都是双赢型的,成绩好,表现也好;平静如水、不卑不亢的家长,要么孩子学习好,要么表现好,总能占上一头。

我爸爸属不卑不亢型,其实他完全可以进入"喜形于色"阵营,他过于谦虚了。谦虚也好,谦虚使人进步,骄傲使人落后,伟人说的。

派老头老太太开会的,家长采用的是放羊式教育方式,咋着都行,反正也不会好了,干脆不去。

他们的孩子大多都有问题,正像他们对待孩子有问题一样。他们把孩子当成准备申请破产的企业,当成 ST 股票(特别处理股票)。

专家说,现在有两种教育类型:一种是放养式,就是给吃给喝,其他随便;一种是圈养式,大多都是采用的后一种方式。专家说两种方式各有利弊,最好能结合着使用。

这是我在报纸上看的。

为了让家长会效果更好,王老师带着同学排了一个小品《我和爸爸换角色》,就是春晚上郭冬临和叮当演的那个。"爸:这次考得不好,考了个倒数第一。儿:啪(拍桌子),倒数第一,平时不都是考倒数第二的吗?爸:我一直都是倒数第二,我的成绩很稳定,可是,考倒数第一那个小子拉稀了,他没来,我的成绩就滑落到倒数第一了……"范小曾和李木森演的,惟妙惟肖,逗得家长们哈哈大笑。

我们班主任请家长一般不挑剔,喊爸爸喊妈妈随意,只要不找人代替都行。听说有个学校的学生考得不好,怕家长知道,出钱请了个收破烂的去开家长会,我们学校还没听说有这样的个性同学。

参加家长会的大多是妈妈,老师点将,非得爸爸参加不可的,有过两次。

一次是刘小流把玩具毛毛虫放入莫鱼儿的脖子里,把莫鱼儿吓病了,老师说叫他爸爸来,刘小流把他爸爸请学校来了,老师让家长把刘小流领回家了。

还有一次是曲海欺负刚入校不久的小同学,还抢了他的早饭钱,老师让曲海叫男家长,他爸爸来了,带着他去给那个受剥削受压迫的小同学道歉。

"子不教,父之过。"

我被勒令叫男家长,在我们班的历史上进入了前三名。

“各位叔叔、阿姨,大家好。很高兴你们能在百忙之中抽空来参加家长会。今天站在这里讲话的本应是一个成功者,而我却是一个失败者。这次考试,和我预定的目标相差甚远。作为一个失败者,就该思错改过,我给自己定下了一个奋斗的目标……”

刘小流发言挺实在的。不过这家伙说一套做一套,还得以观后效。

家长会散了,家长们鱼贯而出。

爸爸的脸上依然很平静。

莫鱼儿的爸爸正在向我爸爸要电话,说以后多联系。范小曾的爸爸在问我们家的具体位置,说有空去我们家玩。李木森的爸爸邀请我爸爸去门口吃涮锅,“带上老婆孩子”。

“老师叫你干啥?”这是我最想弄清楚的问题。

“没干啥,开家长会呗。”爸爸这人就是这样,你越是急,他越是不紧不慢,四平八稳。我有时想知道什么事情,不敢直接问他,问他他也不会爽快地回答,我装着不想听,他会追着我说。

现在不灵了,我的心理他已经摸透了,加上我操之过急,他跟我卖关子纯属正常。

“开家长会为啥非让你来?”

“我水平高呗。”

“你水平高为啥没把我培养成神童?”

“快了,老师让我来就是让我传经送宝,告诉大家怎么把庸才培养成天才的。”爸爸越说越得意,我都弄不清他的哪句话是真的,哪句话是假的。

“吹吧你。我才不是庸才!”

“真的,骗你是小狗。”

“那你都说啥了?”

“我主要说了三点:一是孩子就是孩子,让孩子干孩子的事情,不要让孩子干大人的事情。二是要多亲近孩子,多和孩子在一起,不到万不得已,不要让别人替你带孩子,包括爷爷奶奶。三是兴趣是学习最好的动力。孩子有了兴趣,什么都能干好,失去兴趣,不可能有好的结果。从培养孩子的兴趣入手，让孩子在玩中学。”爸爸说得头头是道，好像不是假的。

“你有讲稿没有？”

“要讲稿干吗，这都是自然心声的流露，我用梦话说也是这样。”

“我让你长脸了，你要请我吃饭。”我心里的疙瘩解开了，立马想要宰爸爸一顿。

“你有没有搞错？咱俩谁给谁长脸了？我把你教育得好，你人模狗样的，全仰仗我。我在你们班作报告，你们同学的家长回去夸的不是我，是你。你应该请我吃饭才对。”爸爸真是铁齿铜牙，虽赶不上纪晓岚，可比我强多了，我甘拜下风。

回到家，爸爸跟妈妈吹得云天雾地，吹完了，说李昂呢，找不到主要当事人了。

“我在这儿呢。”弱弱的声音来自沙发。

“你在干什么呢？”爸爸见我没给他捧场，四仰八叉躺在沙发上，来气了。

“老师让你去开家长会，我心里是十五个吊桶打水——七上八下。这会儿五脏六腑刚刚各就各位，我累死了，心累比脑累更可怕，你们别打扰我，让我好好休息一会儿。对了，妈妈，给我做点好吃的补补，脑细胞累死了，大脑严重缺氧。”我躺在那儿有气无力地撒娇。

“这孩子啥时学会这一套了？”妈妈在用声带和爸爸交流。

妈妈凤颜大怒

——第一次请妈妈去学校

“叫家长”是个专用名词，是说学生在校劣迹斑斑，又不思悔改，无法无天，学校和老师只得请家长协助学校开展工作，就是让家长来治治这些顽劣的学生。

有两种说法，把我搞糊涂了。

家长是孩子的第一任教师，也是终身的教师，同时是孩子成长过程中的最重要的教师。

一日为师，终身为父。学校老师对孩子的影响深远。

到底家长是老师，还是老师是家长？

家长说，学校老师是园丁，花朵长成啥样，全凭老师的功夫。

老师说，如果家长综合素质不高，会对孩子一辈子都有负面影响，决不能忽视家长对孩子的教育的重要性。家长决不能指望因为把孩子交给老师就能教育好，而是要和老师配合来进行对孩子的教育，家长要随着孩子的成长不断地学习。配合学校老师来教育孩子，是家长义不容辞的责任。

我觉得这有互相推卸责任的嫌疑。

我不是冥顽不化的学生，也很少犯低级错误，但还是被“叫家长”了。为什么？

“嗨，做梦娶媳妇呢？”我正在胡思乱想，刘小流从身后拍了我一巴掌，使出全身力量的那种，拍得我打了一个趔趄。

“傻子，你是猪八戒背媳妇。”我胡乱骂了一句，心里有事，不想和他纠缠。

我回到家，妈妈正在洗衣服，我让妈妈签字。

“干什么？”妈妈好像听不懂我的话，眼珠快跑到眼眶外面了，她脸上的每个部位都昭示着惊讶。

“老师叫你去一趟。”我声音低得连自己听得都不太清楚。

“不晌不夜的，叫我去干啥？”妈妈的眼睛足有几分钟没眨一下。

“去了就知道了，老师没说，我也不知道。”有理不需要找理由，没理就得强词夺理，我基本属于没理的那种。

“为啥不让你爸去？他成天当个甩手掌柜的。”妈妈没完没了，她感觉这次事情不妙，决定“让贤”给爸爸。我的心脏正接受严峻的考验。

“我爸还没回来，万一老师让介绍经验，你可不要坐失良机。”我的幽默细胞被残酷的现实压榨得片甲不留。

“我哪是你妈？我就是你的佣人，你的老妈子，你的后勤部长，你的旅店管理员。你有事的时候召之即来，没事的时候挥之即去。哪个老师叫我去？”妈妈问。

“班主任王老师。”

“什么时候？”看来妈妈勉强同意了。

“就这两天，你有空就可以去。”

“有空？不是你这事，我哪儿有空，就是有空，我就不能歇一会儿，我又不是驴……”妈妈又说了一箩筐怨天尤人的话，既然她已答应去会见老师，我就没必要再听她啰唆，左耳朵进右耳朵出就行了。

“妈妈您坐下，请喝一杯茶。”我唱着妈妈最熟悉的儿歌，做着递茶的动作。

其实，妈妈的疑惑也是我的疑惑，老师为啥叫家长？

早晨我去学校的时候，妈妈是和我一块儿去的，她请假了。她在前面快步如飞，我在后面紧紧追赶。

她说，老师的事再小也是大事，自己的事再大也是小事，办完大事再办小事，要不然心里不踏实，做事老走神。这话是拷贝爸爸的，但不能戳穿。

放学的时候,妈妈在学校大门口等我。

妈妈今天打扮得很时髦,显得很好看,就是脸色不好看,尤其是在看我的时候。山雨欲来风满楼!

我立刻跑过去,想帮妈妈拿包,被妈妈拒绝了。我不敢造次,怕拍马屁拍到马蹄上,因为妈妈属马,我也属马,“拍马屁”这个词在我们家出现的频率比较高。这不,我又用上了。

“老师说什么了?”我使劲挤出笑,脸挤得好疼。

“没说什么。”妈妈好像和我有仇,不愿意和我多说一句话,我感到大事不妙。

“跟我说说呗,我心理承受能力强,不怕。”我想用幽默冲淡紧张,可不管用。

“你承受能力是强,可我不行。回家再说。”妈妈一路上气呼呼的,没和我说一句话。

回到家,妈妈把爸爸也叫回来了,两人开始审“犯人”,我就是他们的“犯人”。

“班主任把我叫去,训罢了让我去找数学老师,数学老师训罢让我去找英语老师,英语老师又把我训一顿。”妈妈委屈得泪飞顿作倾盆雨。

“不会吧,咱儿子不会差到这个份儿上,上次他们班主任还让我去作报告,介绍教子经验。怎么才过几个月,儿子就变成问题学生了?又不是坐降落伞,哪有滑得这么快的?”爸爸说到我的心里了。

妈妈闻听此言,凤颜大怒。“你是说我在撒谎?你儿子不是我儿子?只有爹有假的,从来没听说妈有假的。诬赖他对我有啥好处?”妈妈横眉冷对千夫指。

“总得有些具体事情吧,不能她们说不好就不好。”爸爸俯首甘为孺子牛,没有做好思想准备。

“想听是吧,李昂,先去给你爸买几片速效救心丸,万一他心脏病犯了好急救。”妈妈说得跟真的一样。

“不用,我没有心脏病,多少大风大浪我都挺过来了,这小河沟会翻了船?你竹筒倒豆子,全说出来吧,我看他变得到底有多坏。”爸爸把袖子都捋起来了。我偷偷地想:又不是打架。他不会打我吧?

“对,你说吧,我看老师能把我说得有多坏。我这两天也纳闷,老师为啥要叫我的家长?比我捣蛋的有的是,比我差的有的是,比我胖的有的是,比我瘦的有的是,比我高的有的是,比我低的有的是,为啥都不叫,偏叫我家的家长?”我也窝了一肚子火。

“语文老师说你不写日记。数学老师说你脏,好说话,做数学题只钻难题,不重基础,做题省步骤。英语老师说你上课不好好听讲,也不好好写作业,听力练习做得少……”妈妈条理清晰地说。

你有权保持沉默,你对任何一个警察所说的一切都将可能被作为法庭对你不利的证据。

米兰达警告适合此处吗?

我不知道。

“就这?我还以为她们说我什么呢!只要我的成绩好不就行了。”我不想做沉默的羔羊。

“你有一门课没有参加考试,咋回事?”妈妈的眼睛像电灯,照得我心慌。完了,这是死证。

“有这回事?”爸爸的眼睛像探照灯,焦点定格在我脸上。

一串串问号将我带回到记忆的长河中……

刚开学时,我们换座位。

原来我和袁圆坐一个桌,老师说要把男女生岔开坐,“省得有些人嘴不把门,话太多”。

这次可以自由结合。

“这就体现了人类的最大化效益,男女搭配,学习不累。”我的话引来一串银铃般的笑声。

“李昂,咱俩坐一块儿吧?”循声暗问说者谁,原来是大班长洪子怡。我都有点受宠若惊了。

“大班长肯低就,咱这草根一个,还有啥可挑的?”我的话半真半假,大班长也有不好意思的时候,看,她飞霞满脸。

“去你的,跟我坐一起,只许你老老实实,不许你乱说乱动。”洪子怡的爸爸在检察院工作。

“我一定好好改造,重新做人。”我跟演戏一样,很快就能进入角色,尽量配合班长。

“重新做人?你的话太多,先从这改起,少说多做。不要做耍嘴皮子的百灵鸟,要做辛勤耕耘的小蜜蜂。”

“我要做埋头拉车的孺子牛,多产奶,产好奶。”我发现只有袁圆在听,女生们都扭过头去了,大班长顾左右而言他。

妈妈也说我话多。

洪子怡学习好,门门功课都不赖,我也不含糊。我们俩坐在一起千古绝配(袁圆语)。

可好景不长,发生了我意想不到的事,让我大跌眼镜。

袁圆把我喊到走廊上,说有个人让我给你传个话。我说,有话就说,有屁就放。

他神秘地对我说:“让我带话的人是洪子怡,她说你身上有股味儿,让人受不了,问你是不是从来不洗澡。”袁圆说得很不好意思,好像是他在说我。

“有味儿吗?我咋闻不到?”我把衣服拽到鼻子上闻了又闻。

袁圆也趴上面闻了闻:“是有味儿,好像饭馊了的味道,你们家不能洗澡?”

“我每个月至少洗一次。”我在提供证据。

“我每个星期至少洗两次,要不身上痒睡不着。”

我晚上回家,放了一池子热水,洗完了又打一遍香皂,再冲一遍。

“妈妈,你闻我身上香不香?”

“香,今天怎么知道干净了,平时让你洗澡跟要杀你一样。”

“没什么。”

过了一段时间,大家相安无事。

老师又让换座位了,这次由老师指定。洪子怡给我透露了个内部信息:老师要把学习好的和学习差的岔开坐,把爱说话的和不爱说话的岔开坐。

我和屈颖坐一块儿。屈颖学习不好,但很用功,话比较少。

袁圆曾这样形容屈颖的话少:除了回答老师的问题,基本上没听她说过话,人们都忘了她还会说话。

我不喜欢和这样的人坐一块儿。闷嘴葫芦,还不把我憋死,可也不能直说,人家毕竟是姑娘家,又不爱说话,万一想不开,我罪莫大焉。

洪子怡对我说:“屈颖哭了,你看见没?”

“为啥?”

“不知道,你去问问。”

“我吃饱了撑的,问这干吗。”

洪子怡把王老师叫来。王老师问屈颖哭什么,屈颖说:“我不跟李昂坐一块儿。”

“为什么?”老师不解地问。

“他话太多了,影响我学习。”这对我来说,不啻晴天霹雳。屈颖也太不给面子了,上次自由组合时,大班长专门挑了我。竟然有人公然宣称不跟我坐,太伤我自尊了。

我的热血在燃烧,从未感到这样丢人,恨不得挖条地缝钻进去。我连隐形眼镜都跌碎了。

“关公战秦琼——挨不上;弹弓打飞机——挨不上;竹竿打月亮——挨不上;行船靠岸——挨上了……”刘小流的歇后语像连珠炮。

最后,我和屈颖还是坐一块儿,我的话没原来多了。

我的成绩仍然很棒,屈颖的成绩仍然很差。

男女搭配的奇效在我们身上没显现出来。

这学期发生过两件让我终生难忘的事。

第一件,我把爸爸的表弄丢了。

爸爸的表放在桌子上,我偷偷地把表戴走了,来到小商品市场。市场离我家不远,里面卖什么的都有,尤其是鲢鱼,这儿卖的和别的地方都不一样,这儿的又大又肥,我常和爸爸来买。

这次我不是来买鲢鱼的,而是挑表的。我的表坏了,需要一块新的,妈妈也同意了,给了我 10 块钱。

我挑了一块电子表试了试,老板要 5 块钱,我说 3 块钱,老板真把表卖给我了。省了 7 块钱,可以去麦当劳了。我高兴地回家了。

“我的表呢?”爸爸正在屋里找表,我往腕上一看,只有电子表,爸爸的表不翼而飞了。

我吓得拔腿就跑,汗流满面,也顾不上擦,气喘吁吁地跑到钟表店,问老板见到我的表没有,老板说没有。鬼才信呢,可没证据,只能认倒霉。

妈妈说,爸爸的表是花了一千多块钱买的。爸爸没惩罚我,但我还是觉得可惜。

想起这事,我都觉得对不起爸爸。爸爸一提起表的事,我都觉得是对我莫大的惩罚。

还有一件。

期中考试,头天考语文、数学,一切顺利。第二天下午考电脑,等我到学校时,考场里一个人也没有。

我马上给袁圆打电话,袁圆说是上午考电脑,不是下午。

我都不知道是咋走回去的,我竟然看错了时间,连考试都错过了。尽管少考一门,我在班里的排名也不在最后,我后面还有十几个,但我不能原谅自己。

老师说,我们学校还从未发生过这样的事,你开先河了。爸爸说,我们家族从没发生过这种事,你开先河了。妈妈说,我们家里从没发生过这种事,你开先河了。我对自己说,你,你开先河了。不光彩的!

学习上的事情,我认为有两种情况,一种是方法问题,一种是性格问题。

我发表了好多文章,不想写老师布置的日记。

我不愿意做重复性的劳动,更不愿意做无用功。

我开始学写作的时候,爸爸鼓励我,要写就朝着发表的水平努力,不够发表的水平,你的劳动就没有得到承认。

我做到了,我写的文章基本上都发表了。

但语文老师认为我不写日记是骄傲。

我已自学完了《新概念英语》四册,让我再跟着老师学ABC,我没兴趣。

几个老师都说我的字写得越来越差,考试会吃亏的。

爸妈也说我的字写得跟鸡挠的一样,再写成这样,后果自负。

学数学我喜欢做难题,我最喜欢做奥数题,过瘾。

老师说我做题步骤太简单,可能存在这个问题。

我仔细想着能作为“呈堂证供”的东西,也在想着应对之策。

我把这学期的事情做了个简短的回顾,静候爸妈的宣判。

“这样一说,问题好像比较复杂,没有简单的对与错。就说不写日记,也有道理。把发表的文章再抄一遍给老师,有啥意思?有这时间,又可以写一篇新的。既然老师没让写的时候写了,老师让写的时候是不是也可以不写?”爸爸若有所思地说,像是自言自语。

爸爸给语文老师打了个电话,语文老师认为爸爸说得也有道理,她同意我不写日记,把发表的文章给她一份就行了,每篇文章顶一篇日记。

“这样说,不学 ABC 也没有什么不对的。”妈妈颇受启发。

她给英语老师打了个电话,英语老师说,只要是学英语,学什么都可以,不一定跟着老师学,但上课不能做别的事。

我给数学老师打了个电话,说我这人太随便,粗心,脏,话多,以后一定改正。数学老师不好意思地说其实没那么严重。

简单问题可以复杂化,复杂问题也可以简单化。

叫家长风波就这样过去了,我也好像长大了一岁。

和死人面对面

——第一次过敏

睡到叔叔家的床上,我的身上痒得难受。开始是肚子上痒,后来蔓延到胳膊上,传染到腿上,我不停地挠,越挠越痒。

我干脆坐起来,身上的痒好受些了,脸上又开始痒。

“怎么了?睡不着?是不是想家了?”小婶子问我。

“我身上好痒。”

“让我看看。”

小婶子不看不知道,一看吓一跳。我浑身上下起了一层大疙瘩,有的被我挠开了,流出黄水。

“妈,你快来看,这是咋了?”小婶子把小翔姥姥叫来了。

“是不是撞鬼了?白天不该让几个孩子去野。”小翔姥姥边扣衣服边说,“我去外面烧些纸,再叫一叫,看看是不是魂叫小鬼勾走了。”

“这是迷信,应该找医生看看。”小婶子说。

“先叫一叫,不好再请医生。”小翔姥姥很坚定。

我知道这是封建迷信,心里十二分的不愿意,可我又不能拂逆她老人家的好意,她毕竟上了年纪。

小翔的姥爷下夜班回来了,让小叔叔和小婶子赶快找大夫。

“耽误了人家孩子,看你们咋跟他父母交代?”小翔的姥爷说。遇事还是男的能压住阵。

农村的路没城市的宽，也没有城市的亮。我走得一点也不习惯，但叔叔他们却健步如飞。小狗也过来凑热闹，但估计也是没睡好，胡乱叫两嗓子就离开了。

走不远我们就到了一个小诊所，值班的是个女大夫，很年轻，不知道技术咋样。但这是农村，只此一家，别无分号，技术咋样都得看。

她看了看我的症状，说："这好像是过敏，吃些药就好了。"

"什么过敏？"小婶子问。

"这不好说，想知道是什么过敏，得到医院去化验，很麻烦。"

"吃什么会过敏？"小叔叔问，他认为我是晚上吃的东西过敏了。

"吃鱼会过敏，吃其他东西也会过敏。有人花粉过敏，有人空气过敏。不一样。"女大夫很耐心。

我吃了一片治过敏的药，觉得好像不那么痒了。

回家，重新睡觉。

到了半夜，身上痒得更厉害了。我叫醒小婶子，小婶子看到我的惨状，吓得立马哭了起来。

我自己看不到，不太害怕。

小叔叔说："送医院吧，这肿得眼都睁不开了，上下眼皮挤在一起了。"

我试了试，只能看到一条窄窄的缝。

"通知他爸妈不？"小婶子哭着说。

我听着很不是滋味，就好像是医生要通知家属准备后事，至于吗？

"先别通知，到医院再说。半夜三更给他爸妈打电话，还不得把他们吓死。"小叔叔安慰小婶子，"不怕，有我呢。"

153医院很快就到了。尽管是夜里，人还是很多，急诊室更是人满为患。一个头被打破的男子被担架抬进来，血把垫的东西都洇湿了。

我是小叔叔用牛车拉来的，挂急诊，送急诊室，大夫看了看症状，问吃过啥，去过啥地方。小婶子一一回答，像小学生回答老师的问题。小叔叔做补充。

"花粉过敏，得输水。交钱去吧。"

我被安排在一个病人的旁边。护士给我挂上吊针，让小婶子看着我，不要让我乱动，尤其是不能乱抓乱挠，挠破了会感染的。

我看天花板，看不清楚。本来我的眼就小，爸爸开我玩笑，说我目光如豆。这一肿，就更豆了。

我能看清的最近的物体是吊瓶，我看着白色的液体一滴一滴地往下落，渗入我的身体。

旁边那人一动不动，一股浓浓的药味好呛人。

他的吊瓶停止了工作，也没人问。

过了一会儿，护士过来，拔掉针头，盖上白床单，把他推走了。

一个胖胖的女人跟在后面哭，胖胖的女人拉着一个瘦瘦的小女孩。

“听说是农药中毒。”小婶子对小叔叔说。

“喝农药了？有什么想不开的，这大热的天，连个整尸都落不到。”小叔叔摇着头说。

“不是喝农药，是他光着脊梁背着药箱在地里喷农药，因为天热农药挥发出来渗进毛孔，中毒了。抢救了一天一夜，没抢救过来。那一次我不让你光着脊梁背药箱，你还不听我的，真是的。”小婶子埋怨小叔叔，小叔叔没吱声。

爸爸妈妈赶到的时候，屋外的亮光正在往屋里挤。妈妈一个劲儿地埋怨小叔叔，小叔叔嘴唇动了动，没敢吭。

都怨我，让小叔叔遭受这么多委屈。

输完水，肿消了，人也清爽了不少。

过了几个小时，我的身上跟面包一样，又发了一圈，爸妈又把我送到医院，又输了一次水，才没有复发。

亚男赶来的时候，我正在医院吃饭。她给我带来了几张饼，还带来了一束野花。

我分明看到她的眼睛里有液体在转动。

我服了你

——第一次跟爸爸借钱

每逢过年，我都会像辛勤的小蜜蜂一样在各位长辈面前飞来飞去，飞去飞来。我采的不是花，而是钱，以人民币居多，偶尔也会采到美元、欧元、港币，我都一视同钱，连卢布都不嫌弃。我采的不是花，当然不用酿蜜，我用这些钱把我干瘪的钱袋喂得饱饱的。

我去年采到了2000多元，撑得我的钱袋直哎哟。妈妈想把我的钱关进她的集中营，还说是替我看管，怕我丢了。我知道我的钱是自由的，如果被关进去，再想被无罪释放就难了。

我告诉妈妈，要钱没有，要命有一条。

妈妈说："你知道什么叫压岁钱？"

我知道是脑筋急转弯，但我还是答了。

古时候，有一种小妖叫"祟"，大年三十晚上出来用手去摸熟睡着的孩子的头，孩子往往吓得哭起来，接着头疼发热，变成傻子。因此，家家都在这天亮着灯坐着不睡，叫做"守祟"。

有一家夫妻俩老年得子，视其为心肝宝贝。到了大年三十夜晚，他们怕"祟"来害孩子，就拿出八枚铜钱同孩子玩。孩子玩累了睡着了，他们就把八枚铜钱用红纸包着放在孩子的枕头下边，夫妻俩也不敢合眼。半夜里一阵阴风吹开房门，吹灭了灯火，"祟"刚伸手去摸孩子的头，枕头边就迸发道道闪光，吓得"祟"逃跑了。第二天，夫妻俩把用红纸包八枚铜钱吓退"祟"

的事告诉了大家,以后大家学着做,孩子就太平无事了。

原来八枚铜钱是八仙变的,暗中来保护孩子的。因为“祟”与“岁”谐音,之后逐渐演变为“压岁钱”。

妈妈不屑地说:“什么乱七八糟的。压岁钱是等价或非等价的交换物,你拿了别人的红包,我会给别人的孩子红包,有时我给的比你得到的还多。”

我说:“拿红包是我的自由,给红包是你的自由,我又没让你给,有本事你别给呀。”气得妈妈有苦说不出,只有叹气的份儿。

妈妈装着给我收拾房间,在我房里进行过无数次的大搜捕,就差掘地三尺了。

没能逮捕我的压岁钱,妈妈很失望,此后她再也不想替我收拾房间,这是她亲自告诉我的。

压岁钱是我最大的一笔经济来源,一年的开销主要靠它了。为了细水长流,我有时也开源节流。

节流只是手段,开源才是目的。

我陪爷爷下棋,一块钱一局,要是我赢了,奖金就升到了两块钱,我总有办法赢爷爷。

替妈妈买盐、买味精、买酱油、买醋,都有回扣。

报纸上说现在经理吃回扣,医生吃回扣,我是穷学生,也需要吃回扣。

不过我从来不明目张胆地要回扣,我都是把剩下的钱贪污了。我经常在厨房里转悠,看用不用买盐、买味精、买酱油、买醋,如果遇到饥肠辘辘的酱油瓶或是醋瓶,我就两眼放光,像葛朗台见到金子。

我一直纳闷,为啥会有那么多人挣不来钱?我觉得世界上最容易的事就是挣钱,比学习容易多了。这是我的观点,曾被爸爸声色俱厉地批驳过。

我最喜欢替爸爸买烟。一盒烟 7 块钱,爸爸给我 10 块钱,剩下 3 块钱就由我替爸爸保管了。现在爸爸戒烟了,我为此痛心疾首。我的钱袋在不停地喊饿。

“这孩子怎么这么财迷?我们俩都不是这样的,随谁呢?”妈妈对爸爸说。

“反正不随我,我仗义疏财,修桥补路,干的都是积德行善的事。”爸爸盯着妈妈说，好像妈妈的脸上有东西。

“那你说是随我了？”妈妈的眼睛喷着怒火，头发都快烧焦了。

“我可没说，说不定随他舅舅，没听人说外甥随舅嘛。”爸爸坏笑。

“你咋不说随他叔叔。他叔叔三天两头来借钱，我说过啥没有，你这个没良心的。”妈妈守土有责。她用的是防守反击法，爸爸防不胜防，阵脚大乱，败下阵来。

可是一进入高年级，我还是感到了金融危机。

有些钱可花可不花。

熊心过生日，提前几天就开始嚷嚷，生怕我忘了，弄得我耳朵都起茧子了。

“我服了你，不就是过生日嘛，又不是结婚，说一遍就行了，跟祥林嫂一样，烦不烦呀！”

“那你送我什么？”狐狸的尾巴终于露出来了，像熊心这样的小狐狸，根本藏不住尾巴。

“我送你一套别墅，外带一辆宝马，也得我有那能力。你要不着急，别墅和宝马先欠着，等有一天我跟比尔·盖茨一样富有，我一定兑现。”明知道我财政赤字，还不放过我，真是阎王不嫌鬼瘦。

我不是守财奴，可也不敢大手大脚，我的理财能力绝对是一流的。我知道什么时候钱该花。开学了要交学费，这钱一分也不能少，假期里提前预留好了。

平时买个作业本，买支笔，买瓶墨水，这些钱一分也不能省。

我的原则是该花的钱一定得花，正像该干的事一定要干一样。

说归说，生日宴会我还是要参加的，礼还是要送的，他之所以这样执着地邀请我，我心里跟明镜似的。上次我过生日，他送过我一辆四驱车，半新的，小学同学，能送这样贵重的东西，也算不赖了，他是怕我礼尚不往来。

熊心狂喜欢刘亦菲，送点啥好呢？我在网上挂个帖子，还真有人回：

拍卖会上他偶像用过的东西（前提是有钱）。

海报，只有这个好保存，而且，还能贴在墙上天天看！

买点她戴过的东西，比如项链之类的。

你送个她的海报或者是她的光碟，如《仙剑奇侠传》，最近的《神雕侠侣》(纯属个人意见,仅供参考)……

熊心过一次生日,花去我半月的零花钱,这个月才过了3天半。

“爸爸,借点钱给我。”我采取了下策。

上策是自己挣钱,中策是替爸妈打工,这都是远水,解不了近渴。

“你不是有钱吗?干吗跟我借钱?又在打什么鬼主意?君子爱财,取之有道,可不能在钱上动歪心思。”爸爸好像不认识我,两只眼睛在不停地解剖我。

“老师让参加数学竞赛,我这么好的成绩,不参加岂不可惜了?我们班好多同学都参加了,家里积极赞助,你不会连儿子的学习都不支持吧?”

“要多少?”

“50。不多,对你来说是张飞吃豆芽——小菜一碟。”我拍马屁的功夫跟我的数学成绩一样出色。

“少拍我,一个竞赛,咋会要这么多钱!现在教育腐败已经严重到非治理不可的程度。什么竞赛,不就是想搞点钱,大家分分,把我们当成唐僧肉,什么时候想咬就咬一口。我上小学时,从来不交钱,上大学一学期才交20块钱,学校还有助学金,还有困难补助,还有34斤粮票。哪像现在,天天让交钱,我们又不是银行。”一提起交钱,爸爸就头大。

“少说没用的,现在是21世纪,社会在进步,学费当然也在进步,竞赛也在进步,你要与时俱进。”我的忍耐是有限度的,我就奇怪,做爹的差距咋就这么大呢?

“首先纠正你一个错误。”

“赶快给钱吧,熊心还在等我,我要去踢球,没工夫跟你磨叽。”我爸本来说话挺利索的,一磨叽起来,别有用心,我还真不习惯。

“我们按合同行事,我可以借钱给你,但不是给。借和给有本质的不同。给是肉包子打狗——有去无回。借是要还的。常言说得好:有借有还,再借不难。要是你不还,以后别想从我这儿借到一厘钱。当然喽,如果你从此不再跟我借钱,这钱我可以不要了。”爸爸摇头晃脑作老夫子状。

“我又没说不还,还当爸爸呢,斤斤计较,小气鬼。”

“25,够不够?”爸爸真是的,没见过这么抠门的,有些人一阔就变脸,他也没有阔,连阔的迹象都没有,怎么说变脸就变脸,变得六亲不认了。

“我是不是你亲生的？不会是抱的吧？你咋跟后爹一样。我报名需要29块5毛,借我30,交罢还剩5毛。你给我25,总不能让我欠人家4块5吧。你借我多少,我还你多少,有什么不放心的？我叔叔来借钱,你一下借他好几万,连眉头都不皱一下。我们可是一家人,亲不亲,一家人,打断骨头连着筋,你倒好,算计起自己儿子了,真有本事。”我妈气我爸,都拿我叔叔说事儿,一说我叔叔的事,我爸爸就气短。

“不借算了,吃人家的嘴短,借人家的手软,借钱还有你这样神气的？”

“等竞赛结束了,咱俩去医院。”

“干什么？你有啥病,我咋从来没听你说过？”爸爸睁大了鳄鱼眼,我真怕他流出鳄鱼泪。

“我们去做DNA鉴定,看看我是不是你亲生的。如果不是,我强烈要求解除父子关系。我要弹劾你,我要炒你鱿鱼,我要叫你下岗!”我气急败坏地喊。

爸爸气得嘴直哆嗦,他用力在我头上弹一下,疼得我眼泪都出来了。

爸爸给我50块钱。

他“扑哧”笑出声来,笑得泪花飞扬。

我也笑了,笑得得意忘形。

我拿着50块钱飞出楼去,当然脚没离地。

这个月的最后一个星期是我“大喜”的日子。

什么,结婚？你搞错了,是妈妈给我发工资的日子,比结婚有意思,我从来没结过婚,可我领过工资,领钱的滋味,爽!

领了工资,我可以亲自莅临麦当劳,学着孔乙己,排出几文大钱,可以喝冷饮,想喝几杯就喝几杯;可以吃麦辣鸡,想吃几块就吃几块;可以吃炸薯条,想吃几包就吃几包……

“这个月表现不错,你得到了全额工资,说明你进步了,妈妈恭喜你。为了对你进行嘉奖,我给你发10块钱奖金,以资鼓励。希望你在今后的日子里,再接再厉,更上一层楼。”标准的官腔,但内容很实在,我喜欢奖金,让奖金来得更猛烈些吧!

“给你,仔细点花,别还没到月底就花光了。”

“怎么少了50块钱?”我的眼珠跑到眼眶外面去了,我使劲才把它们按回去。

“你月初跟你爸爸借了50块钱,你爸爸让我代扣的。”

“我也要和你做DNA鉴定,这亲子鉴定必须做!”我的眼珠又不争气地蹦了出来,按了好几次才按回去。

“你说什么胡话,是不是穷疯了?”妈妈说着要来摸我的头,看我烧不烧。老套,一点创意都没有,垃圾剧看多了。

“你们才穷疯了,没本事就别养儿子,为啥对我像秋风扫落叶?”我气得嘴歪眼斜。爷爷过去得过这种病,大夫说是面瘫,针灸了几个月,爷爷才恢复本来面目。

“我们并没做错什么。常言道:有借有还,再借不难。现在人都啥德行,借钱容易要钱难,借钱的是大爷,要钱的是孙子;借钱的成了黄世仁,要钱的成了杨白劳。”妈妈翘了翘她那精致的小鼻子,一点也不可爱。

只要她“拨乱反正”,我就小人不计大人过。

“你们还欠着我的钱,为啥不还?”

“我欠你什么钱?你吃我的,穿我的,用我的,我堂堂一个大人,怎么会欠你小屁孩的钱?”妈妈把“大人”和“堂堂”连在一起,有点牵强。多少“大人”不“堂堂”,倒是小孩个个“堂堂”。

“我前几年的压岁钱都在你们那儿,现在都……”“肉包子打狗”我不敢说出口,因为我在跟妈妈说话,跟妈妈说话不该用这样的词。我知道这是用词不当,我将这句话省略了。“姥姥给的都在你那儿,奶奶给的都在爸爸那儿,你们这是贪污,一点也不‘堂堂’。”我终于找到突破口了。

“我们也没有说不给你。”妈妈像打败的鹌鹑斗败的鸡。

“包工头都承认欠农民工的钱,但就是不给,农民工杀了包工头,好多人替农民工求情,报纸上说的。”

“这么大一点,就有暴力倾向,就是说,我们不把压岁钱给你,我们就是黑心的包工头,你就会杀了我们?”

“我可没这样说,我想用我的压岁钱来顶账,这没有问题吧?”

妈妈的嘴动了动,不再理我了。

不辞常作信阳人

——第一次回姥姥家

雪越下越大，越下越紧。我用冰凉的小手拉着妈妈冰凉的大手，弱弱地问："还有多远？"我感觉嘴张得好小，害怕雪刮进去，更怕那可怜的热气趁机溜出来。

妈妈有气无力地说："快了……"她老是这样，说快了快了，总也不到。

妈妈的头上身上全是雪，连眉毛上都挂着雪。她身上背个大包袱，还用手拉着我，费力地在雪地里蹚着，忽然有个小坎，妈妈滑了一下，她摔得跪下了。我想拉妈妈，我也跪下了。

跪在那里我才发现，信阳的雪真猛。四周什么也看不清，厚厚的积雪足可以把我埋住。

"燕山雪花大如席，片片吹落轩辕台。"诗人一定是在屋里写的，要是像我一样，恐怕他就不会这么浪漫了。

我几乎是被风吹进屋的，看见炭火盆，我一下扑过去。姥爷、姥姥、大姨、三姨、四姨、五姨，各位姨夫，各位表哥、表姐、表妹、表弟，那么多问候我一句也没听清。

大家重新落座，开始烤火、拉家常、吃零食。火上煨着腊鸡、腊鸭、腊鱼，屋里弥漫着北方闻不到的炖肉香，我的馋虫撒落一地。

"日啖荔枝三百颗，不辞常作岭南人。"我把它改为"日啖炖肉三大盆，不辞常作信阳人"。有好东西吃，一路的辛苦很快就被抵消了。

吃罢饭我和表弟小斯去外面玩。太阳照在白白的雪山上,发出耀眼的光芒。我对什么都感到新鲜。

草垛柴垛都离家不远,像碉堡似的,守卫着每个家庭。

“小斯,这儿有个鸡蛋。”我在草垛空里发现了“新大陆”,大分贝叫着。

“多着呢,小心别踩着。”小斯平静的口吻让我有点失望。仔细看去,真的还有,还不少。正在我纳闷的时候,小斯说,这里的母鸡都是散养的,下蛋的地儿不一样,估计是憋不住了,随便找个地方就下了。

“不会有人偷吗?”

“当然不会。”

我把拿在手里的鸡蛋又“蛋归原主”。

鹅毛大雪纷纷扬扬地飘落下来。柔柔的,地上铺的是雪;皑皑的,房上落的是雪;厚厚的,树上盖的是雪。积雪把树枝压弯了。

“What is this?”我望着一条条奇怪的东西问小斯。

“This is 冰凌。”小斯稍一犹豫后来了个土洋结合。

“树上还结冰激凌?”我又回到了中文思维。

“傻瓜,不是冰激凌,是冰凌。”他说,冰凌又叫树挂,也叫冰溜子,可好吃了。说着,他一纵身,掰下一条冰凌,嘎嘣嘎嘣地嚼起来,那个享受的样子具有极强的感染力,还有极大的穿透力。我跃跃欲试,被小斯拉住了。他说,这可不是谁都能吃的,吃不好会拉稀。我吓得伸了伸舌头。

不过,趁他不注意,我还是掰了一块尝了尝,没有啥味道,好凉。我没敢咽,又吐了。

冰溜子像透亮的水晶小柱子,一排排地挂在房檐上。

表妹桂芬正和一帮小孩子够冰凌吃,一个没穿棉袄的小男孩吃着笑着,冰水顺着嘴角流下,洇湿了一大片衣服。

雪片像美丽的、高贵的、矜持的公主,舞动着神奇的面纱,送来阵阵凛冽的寒风。我感觉自己在打哆嗦,上下牙齿不停地磕碰。

姥姥把我劝进屋了。听着大家说“冬天雪盖三床被,来年枕着馒头睡”“瑞雪兆丰年”之类的吉利话,我迷迷瞪瞪地进入了梦乡。一夜都在吃冰凌,吃得一会儿跑一趟厕所,厕所好黑呀,随手一摸都是冰凌,直碰头。醒来浑身都是冰凉冰凉的。

我一看睡在我旁边的小斯,我乐了。他的头发全白了,我确定不是在做梦,就把小斯喊醒了。小斯很不情愿地有一句没一句地答着。

“不可能,头发咋会白?”他边说边摸头,白的掉了,露出了黑发,原来是雪。可是睡在床上咋会有雪呢?

我觉得姥姥家怪事真多。

小斯往头顶上一指,我顺着一束亮光望上去,原来屋顶上有缝,雪正是从缝里飘下来的。屋顶为啥会有缝呢?

“你是十万个为什么吗?咋这么多问题呢?屋顶上盖的是瓦,瓦缝漏雪,有啥奇怪的。”我觉得小斯有点看不上我,于是不敢再问这种没有技术含量的问题了。

我刚起床,看见姥姥手里抓个鸡,鸡拼命挣扎,怪可怜的。

“姥姥别杀鸡。”我以为姥姥要把鸡杀了吃。

“我不杀。我摸摸鸡今天有蛋没有。”姥姥正在摸鸡屁股。

她轻轻地把中指插进鸡屁股里,若有所思的样子,然后拔出手指,很肯定地说:“有,比较晚,估计到半晌才会下。”真神,不仅能摸出鸡肚里有蛋,还能摸出啥时下,我有点佩服胖姥姥了。

“让我摸摸。”我吵吵着要摸。

妈妈瞪了我一眼:“你会摸?别把鸡摸坏了。”

我悻悻地走了。

好无聊!

与冰共舞

——第一次滑冰

姥爷怕我寂寞,陪我下象棋。他时不时地跟我说些他当兵时的事儿,我听得很入迷,自然棋下得不咋地。

姥爷在新中国成立前当过兵,军人范儿十足。他可不是纸上谈兵,从下棋可以看出。他才是那种“下棋看五步”的主儿,构思精巧,出人意料。我虽然参加过郑州市九运会,下象棋获过不错的名次,但和姥爷比起来,有多远差多远。尽管姥爷有意让着我,但我还是提不起劲儿。

顺着草垛可以看到闲庭信步的母鸡。姥姥家这只母鸡,高高大大的,气宇轩昂,鸡冠血红血红的,彰显着它的健康指数。

我看出来了,这就是姥姥摸过有没有蛋的那只母鸡。

我不知不觉地跟在母鸡后面,想看看它到底是怎样下蛋的。“月亮走,我也走……”我边唱边尾随母鸡。母鸡很敏感,预感到有偷窥者,它和我玩开了捉迷藏。

遭遇到能把死蛤蟆盘出尿的我,活该母鸡倒霉。我的形影不离让它心烦意乱,它不停地咯咯叫,走得越来越快。

它向河边走去,我以为它要投河自尽,没想到它且战且退,它停下了,我欺身过去,它没躲。我离它很近了,它急匆匆地蹲下,慌不择地,把蛋下在了雪地上。奇怪的是,鸡蛋竟然没碎,踉踉跄跄地滚向河里。

说是河,其实河和岸已没了明显的分界线,只能从高低上判断哪是岸,哪是河。

一阵喧闹将我的视线勾走了,鸡蛋滚哪儿了,我已没兴趣管了。

声音从河上传来。“千山鸟飞绝,万径人踪灭。孤舟蓑笠翁,独钓寒江雪。”我觉得此时最该干的事儿就是“钓雪”。可从小朋友们的声音判断,他们像在滑冰。

我以八十迈的时速向河里冲去。不能“钓雪”,滑冰也不错。

小斯是头儿,他咋滑,小朋友也咋滑。先是正着滑,助跑,前冲,滑,刺溜过去了,像轻盈的燕子,能阻挡他的只有空气。

“我一次能滑到对面,再滑回来,你信不信?”小斯向我炫耀。他知道“我是一匹来自北方的狼”,水性不行,冰上更是赶鸭子上架。

我没说不行。行不行,我也不知道。

我只见过酷滑,就是站在小板车上,进行滑行比赛的那种,真刀真枪地在冰上比赛,我还是第一次见。

雪花真好看。像蝴蝶,似舞如醉;像蒲公英,似飘如飞。它们忽散忽聚,飘飘悠悠,轻轻盈盈,飘在我的脸上,挺惬意的。

为了显示自己的冰上功夫,小斯没等我回答,就又秀了一趟。滑向对岸,又顺势滑回来,还不忘来个亮相。后来我明白了,顺势很重要,到对面地势渐高,滑过去有个反弹力,借力又折回来了。如果地势不是这样的,小斯就烧包不起来了。

看透不说透,才是好朋友。

“你也来滑。”小斯邀我。我只是笑,没滑。

我在想,我不滑,他不知道我会不会,我一滑,万一滑得不好,就露馅了。

正滑这一招小朋友都会,那个没穿棉袄的男孩滑得最起劲。他真不怕冷,鼻头冻得通红。鼻涕挂得长长的,让冷风一吹,半软不硬的,挂在脸上,像冰挂,就是颜色略有不同。没心没肺的他,边滑边笑,无所顾忌,所以没少摔跟头,但他乐此不疲。和小斯碰面时,他总要拉一下推一下的,然后高喊:“来追我呀,来追我呀,你咋追不上呢?”气得小斯直翻眼。

小斯觉得不出绝招难以服众。

他忽然转过身,没有助跑,捋捋头发,深呼吸。这大概是在做准备活动,好戏就要开场了。

大家忽然静下来,等着看小斯的压轴表演,孩子们的眼神流露出无限的期待和羡慕。

“有什么不同?”我问他。

“一会儿你就知道了,等着瞧吧。”小斯自信满满,但他长得又高又细,像豆芽似的,声音有点娘,穿透力实在不行。他费了好大劲,但声音还是没传多远,就被冷风淹没得无影无踪。

小斯选择的是高难度的倒滑。他往我这边看了一眼,像是挑战,又不像。

其他孩子开始起哄:“小斯哥,加油!小斯哥,加油!”

小斯小心翼翼地,倒也顺利,虽然滑歪了,但大方向还是正确的。他给我做了个“V”形手势,就这个“V”形手势坏了小斯的一世英明。他一高兴起来就忘乎所以,速度越来越快,频率越来越高,步子越来越大,他终于没能打败踉跄,跌了个“嘴啃雪”。表妹桂芬乐得直拍手。她想和小斯玩,小斯老不带她,她这是挟嫌报复,所以格外开心。

姥姥家住的镇子叫灵山镇,以灵山而出名。因其“每有云气覆顶,必雨”,被人谓之“灵山”。灵山以朱元璋而出名。小镇离信阳市30多公里,一条光秃秃的水泥路将小镇直挺挺地劈为东西两半。左边胖些,有集市,热闹;右边瘦些,临河,寂寥得有些夸张。

今天,河成了我们的主战场,大家在此一展身手,忘记了回家。

乐极生悲是古训,在小孩身上应验得最多。

“一九二九不出手,三九四九冰上走,五九六九沿河看柳,七九河冻开,八九燕子来,九九加一九,耕牛遍地走。”我们只顾在“冰上走”,也不管是不是“三九四九”。可能是气温在升高,也可能是人太多,冰面突然传来“咔嚓”声,开始声音很低很闷,大家都没太在意。后来声音越来越大,小斯说:“坏了,冰要破了!”

小斯没开玩笑,他的脸色都变了。

没穿棉袄的小男孩拔腿就跑,其他孩子也准备跑,被小斯喝止。

“都别跑,要不冰一破,就全掉里面了。”小斯此时颇有大将风度,他指挥若定。小朋友还真听他的,有个小女孩哭着要跑,被桂芬拉住了。

"都趴下,手拉着手,别动。"小斯说着自己先趴下了,我趴在他旁边。对他说的我将信将疑,不过也没有更好的办法。大家都就近趴下,手拉着手。我拉着小斯,桂芬拉着我,串成了糖葫芦。

姥爷、姥姥、妈妈、几个姨妈和姨夫全被没穿棉袄的小男孩喊来了。

姥姥急得什么似的。

"老天爷呀,可不能出啥事,要不我咋交代呀。"

小姨安抚着姥姥,宽慰她说:"没事,这是灵山,有老天爷保佑,不会出啥事的。"

灵山有多灵,说出来吓您一跳:朱元璋在此避难,后当上皇帝,上山降香还愿,题写横匾"圣寿禅寺"。

每年三月初一,数以万计的善男信女千里迢迢到灵山朝拜。大家对灵山的灵从没怀疑过。

姥爷招呼来几个壮年男子,有人从家里拿来了绳子,有人拿来了竹竿。

"这事慌不得,大家听我指挥。小黑你瘦,你去吧。"姥爷在小黑的腰里系上绳子,又使劲拉了拉,看着够结实了,才放心。让他匍匐在冰面上,递给他一根长竹竿。

小黑给大家点点头,让大家放心等好。

雪还在下,如柳絮,如棉花,如鹅毛,在天空飘飘洒洒,让人感觉到只有一个字——冷。四周一片银白,一片洁净。

人们的呼吸快停滞了,男人们神色凝重,话语很少。女人们的话多,有的边哭边说,但不知说的什么,有的在埋怨男人不该让孩子去滑冰。

桂芬她妈,也就是我的小姨见谁埋怨谁,好像谁做得都不对。

小黑叔叔不辱使命,他灵巧地向我们爬过来,边爬边说:"没事,我过去把你们拉过来,然后回家吃饭,吃得饱饱的。多吃肉,炖猪腿、大肠汤、灵山鸭……每一样都要吃,大家说对不对?"小黑叔叔真能,他这是心理战。

这时,桂芬说要解手,被小斯训了一通。

"忍住!"

"忍不住了。"

"那就尿裤子里。"

我忽然发现我和他们的姿势不一样,哪点不一样,我也说不清。我能看见天,噢,我是躺在冰面上的。

我看见,天地之间白茫茫的,纷纷扬扬的雪花从天而降,四周布满了白色的帷帐,银装素裹的,颇有诗情画意。“忽如一夜春风来,千树万树梨花开。”我发觉自己走神了。

小黑叔叔不敢爬得离我们太近,他虽然瘦,但瘦是瘦,全是肉,还是比我们重得多。每靠近一步,他都小心翼翼,像做贼似的。

近了,近了。他伸出竹竿试了试,还差一点点。他不敢造次,让最外面的桂芬往他那边移。拉住桂芬后,他让拉桂芬的我松手。

“Why?”我下意识地说了一句英语。小黑叔叔肯定没听懂,但他知道我的不解。

“一块儿拉太危险,一个一个拉更好些。”小黑叔叔笑着对我说。

“你是城里孩儿,我们一定把你救上来,放心吧,不耽误你晚上吃猪腿。”我比较胖,最喜欢吃姥姥炖的猪腿。咋,地球人都知道?

“咔嚓”,小黑叔叔话音没落,冰面上又响起了破裂声。

小黑叔叔把棉袄脱下来铺在冰面上,让小朋友们从上面爬过去。

最后一个是小斯,他有点大哥哥的样儿。等他抓住竹竿时,冰面上裂开了一个大口子,差点把小斯吞进去,幸亏小黑叔叔眼疾手快,一把把小斯拉到怀里。

后来我才知道,小黑叔叔就是没穿棉袄的小男孩的爸爸。

总露显摆的痕迹

——第一次回老家

我老家很有意思。

我妈妈在鸡公山上班,在鸡公山时怀了我。我还没降生,爸爸妈妈结束了两地分居的生活,妈妈调到了郑州,和爸爸在一个单位。

妈妈为我换了郑州的出生证,我出生在郑州。

第一次回老家,是在我上小学的时候。

爸爸带着我和妈妈风风光光地回去了。爸爸对我和妈妈叮嘱了一遍又一遍,让我们要干这个,要干那个;不能干这个,不能干那个。

我觉得爸爸好紧张。

妈妈说:“他这是衣锦还乡,要好好显摆一下。”

“回个家有什么好显摆的?”我歪着头问。

“这你就不懂了,十里八乡,就考上你爸爸一个大学生,他在老家很有面子的。熊猫啥待遇他就啥待遇。”

我们邻居张叔叔和梁伯伯都是大学生,也没见有仨鼻子。

“那不一样,你爸爸的老家在农村,物以稀为贵。”妈妈挺理解爸爸的。

“我爸爸又不是物。”我故意打趣。

坐火车,坐汽车,没车了就走……“走啊走,走啊走,走到九月九……”我想唱,但发不出声。

好像刚下过雨,地上很泥泞,这种路在城里是绝对看不到的。

泥土是黄的，被雨水一浇，就变成了稀泥。我一直不知道什么是“和稀泥”，回过老家，我知道了。

每走一步就陷一个坑，爸妈走着还可以，我根本走不成。

“来，我背你。”爸爸把我背在背上，走得还挺快的。

我晃得直想吐，爸爸又把我放下。

我用吃奶的劲儿走着，拖累爸妈都走得很慢。

一条水沟横在面前，挡住了我们回家的路。说是水沟，其实是雨水积在路上形成的，我的鞋已面目全非，妈妈的皮鞋也变成黄色的了。爸爸兴致勃勃，像打鸡血一样。

他脱下鞋，让妈妈拎着。他把我放在肩上，其实是扛在肩上，蹚着水过去了。

“过来呗。”爸爸喊对面的妈妈。

“你也把我扛过去。”妈妈当着我的面，对爸爸撒娇，我都有点不好意思了。

爸爸真的过去把妈妈扛过来了，还挺高兴的。

后来妈妈解读爸爸的行为，说是爸爸有求于我们。

“不懂。”我说。

“你想，我们只要给他挣足面子，叫他干什么都行。我要说再把我扛回去，他一定不会有怨言。”

我觉得妈妈简直是心理专家。

爸爸的老家在河南固始，我的老家自然也在那里。

在爸爸面前不能提固始，一提固始，他就像喝了半斤二锅头，一定陶醉。

爸爸的家在一个围子里，有四五户人家，相互之间都沾亲带故。房子的墙都是用土坯垒起来的，清一色的黄，让人容易联想到面黄肌瘦。顶上是稻草盖的，也是黄色的，时间长了就变成黑色的了。

围子的四周是条河，只有一条窄窄的小路通往外面。自古华山一条路，这里和华山差不多，易守难攻。当然这里都是良民，不用打仗。

爸爸家的门前有棵高大的椿树，冠盖如伞，遮阴蔽日。在树的半腰，有个老鸹窝，老鸟飞去觅食了，小鸟号嗷嗷待哺。

我是个侦探控，遇到未知世界就想探究一番。

我准备爬上去看看，被爸爸制止了。

“危险。”他说。

“有什么危险的？”本来我就是随口说说，真让我上我也上不去，就我这肉墩子，没有隐形翅膀，不要说上树，连上吊都难。但人总是这样，越不让干就越想干，好奇呗！

“你上去了，老鸹飞回来，认为你要夺它的孩子，非叨你不可。”爸爸说得很严重。

“它的网名是什么？”我的话让大家的眼睛都跑到眼眶外面去了。

“我得给它起个网名。”大家不接话，我自言自语。

“昏鸦、枯树，都可以，就是不够酷。”见没人理我，我也没兴趣了。

关心早我一天回家，有了她我的“衣锦还乡”才变得有滋有味。

晚上一坐到饭桌上，我的馋虫就被勾出来了。

晚饭是爷爷做的。

爷爷可有意思了。他做饭时还拄着拐杖，拐杖是爸爸在九华山买的，给他后，他爱不释手，除了睡觉，天天拄着，连端菜时也不例外。

“爷爷，有啥好吃的没有？”我喜欢逗爷爷。

“你一会儿要出去？吃完饭再去呗。”爷爷经常打岔，可能是听力不好。

“固始名吃这里全有。”关心比我更了解爷爷的脾性，她如数家珍地说，“固始鸡，又叫固始黄，我们拉你褂尾巴了，平时爷爷可没这么大方；固始鸭，有；旱鹅块，有；大鲤鱼，有。天上飞的，地上跑的，该有的，不该有的，全都有了。我们过年了！耶！”和家人在一起，关心开始疯。

桌上已经没空地了，菜还在一道道地上。

“不用上了，没地儿了。”我说，真不是谦虚。

“这孩子，这才哪儿到哪儿呀，还多着呢。”爷爷好像听见了。看来他是选择性听不见。

我是肉食主义者，肉再多我也不嫌多。

倒是半天没说话的妈妈坐不住了。

“有素菜没有？”妈妈说。

“多吃肉，对身体有好处。这些都是绿色食品，平时你们在大城市不要说吃不到，连看到的机会都不多。回来了还不多吃点？吃青菜，不是骂人吗？让人知道了，以为我们有多穷呢。”爷爷扶着拐杖，立场坚定，旗帜鲜明。家长的权威不容挑战。

固始人好吃，全国闻名，这一次我算见识了。餐桌上光鸡子就有两种，母鸡炖汤，公鸡炒着吃；鱼有面炕的，有红烧的，有清炖的，共同闪耀餐桌。

爷爷要跟爸爸来枚，说光喝酒没意思。爸爸不多想来，爷儿俩喝酒不赖壶，是古训，得遵循。我估计爷爷也来不过爸爸。

“划拳没意思，我们做游戏吧。”关心吵吵着。

“做什么？”小孩能想到一块儿。

“比长短。大家都可以参加。”关心对我笑笑，算是对我声援她的感谢。

“比长。”

关心话音一落，大家开始比。先比手臂，关心输了；再比上衣，关心又输了；最后比头发，关心赢了，爷爷输了。

爷爷没等人说，他自己先喝了。他喜欢喝酒，可酒量不大。奶奶劝他别喝了，他把眼一瞪：我今天高兴，看谁敢管我。其实他可怕我奶奶了，男人要面子，故意在人前这样说，贤惠的媳妇装着没听见，不贤惠的会当场吵起来。

关心喝了一口鸡汤，叔叔替她喝的酒。

“比短。”我抢先说。

比手指头，关心赢了；比裤子短，关心又赢了；比裙子短，我妈妈和关心并列，其他人都得喝。

“这不公平，男的不穿裙子，怎么比？”我抗议。爷爷说，抗议无效，要保护妇女儿童。哪儿跟哪儿呀？

“比高吧。”妈妈接着说。

比声调，关心最高，她声音尖，容易高。比手抬起来的高度，爸爸得胜。爷爷比爸爸的手长，但没爸爸举得高。叔叔替喝，爷爷输了跟赢了一样高兴，喝得脸通红。

我只喝过啤酒。关心非让我喝不可，我呛得想流眼泪。

“你总是心太软，心太软，独自一个人流泪到天亮。……”关心悠闲地唱着,我懒得理她。

叔叔是开饭店的,他包饺子又快又好。我们擀面皮,不够他包;他擀面皮,我们也包不及。在叔叔的带动下,一会儿屋里到处堆满了饺子。

我给奶奶盛了一碗,说奶奶您辛苦了,她高兴地拍拍我的头。

"为啥不给我盛?"爷爷挑理了。我赶紧给他盛了一碗,他吃得又快又香。

"还比啥?"吃饱喝足,我又想起了游戏。

"比大。"只有关心接招,爷爷他们打开电视看《梨园春》去了。

比眼睛,我爸爸的最大。爷爷说他的眼睛跟牛蛋一样。双眼皮已是极品,我爸爸被一个阿姨惊呼为"四眼皮",原因是我爸爸的眼睛"双"得太夸张了,跟假的一样。

比手掌,关心的没我的大。关心一输就说不公平。

"比多。"关心说。

比身上饰物,我除了眼镜啥也没有,和女的比饰物,死路一条。比身上的扣子数,查过来查过去,也查不清楚。关心总要比我多说一个,搞得我没脾气。

等我早上醒来时,门外一片嘈杂声。我定眼一看,奶奶正往门口的椿树上扔泥块。

"奶奶,我帮您扔。"我很体贴地对奶奶说。

奶奶把手里的泥块递给我,嘴里还不停地骂骂咧咧:"让你叫,让你叫,我打死你。"

我只顾扔了,忘记问奶奶砸啥了。

"谁惹您了?奶奶,我替您教训他。"好像我是铁臂阿童木。

"树上的老鸹老叫,不好。"奶奶恨恨地说。

"封建迷信。"关心对这很不屑。

"这孩子,这咋是迷信?上回老王家门口有老鸹叫,老王就生病了。上上回孙海家门外有老鸹叫,孙海赶集钱丢了。要不给它打走,明天你……"关心让奶奶说毛了。

"行了,我帮您撵,撵不走我不吃饭,总行了吧?"关心怕奶奶说出不好听的话来，赶紧拦住她的话头。听妈妈说过，奶奶不喜欢女孩，她和关心有代沟。

我也认为奶奶迷信，但我没说。凡是关心拥护的，我就要反对；凡是关心反对的，我就要拥护。

怕她们纠缠，我把话题岔开了。

水上乐园

——第一次亲水

信阳在河南有点特立独行。

南,它和湖北很像,东南,它和安徽很像,不论是气候还是饮食,它都不像河南。

单说这水,不到信阳不知道什么叫水多。信阳有淮河,固始有史河,是淮河的支流。顺着史河延伸出去,分支多如牛毛。

说固始到处都是河,一点也不夸张。农田、村落都被河流包裹得严严实实。固始产稻,多鱼,是名副其实的鱼米之乡。除此,还有外人所不知道的,固始产美女,连我这不解风情的毛头小子都能看出来。

固始女子皮肤白皙,身材匀称,怎么吃身上都不出现肥肉。

固始女子上得厅堂,下得厨房。固始女子持家是一绝,尤其做饭,比三级厨师做得好,煲的汤让你喝一次想两次,喝两次想三次。见过我妈的人都这样评价。我妈是罗山人,但是是固始媳妇,她总说自己是固始人,还说这叫嫁啥随啥。

我总认为是固始的水养育了这一方的人。

一到夏天,固始男人不忙的时候都是在水里度过的,固始人吃的东西很多都取自水里。大自然的恩惠,取之不尽。

刚吃过早饭,我还在背英语,关心就火急火燎地来喊我。

"你能不能装装淑女,疯成这样,看谁敢要你!"我以为这样一说,关心会跳起来,谁知人家还很受用。

“我才不当淑女,更不会装淑女。淑女是骂人的。”关心说,“回来一天多了,让我尽一下地主之谊,想玩啥,我带你去。”

“这还差不多,我以为你从来没有正形。”我说,“除了下水,玩啥都行。”

“你 out 了吧,到了这里,你不玩水有啥意思。今天就玩水了。”她说罢不容我答应,一把拉着我跑开了。

固始的河一般都不太长,也不太宽。水面上内容丰富,有菱角、鸡头、藕,还有水葫芦、蒲草,各种野花野草不计其数。靠近村子的一面,河边都有垂柳,这种柳树都不太直,根须很多,斜伸向水里。据说这种柳树主要是用来护岸的,不让河水一点一点蚕食岸上的土。有些树上爬满葡萄,秋天的时候,半大小子就会光着身子爬到树上,边玩边吃。

“朋友啊朋友请你干一杯,美酒飘香送万里,引得人们心儿醉……”关心又开始借景抒情。

“别臭美了,咱们干啥?”我问关心。

“咱们去钓虾。”我只听说过钓鱼,有关钓虾的记忆跟一部支教电影有关,可那里的钓虾者是个傻子,我可不是傻子,别让人骂了还说谢谢。不过,就我对关心的了解,她估计没这意思。

“怎么钓?用什么做诱饵?”我跟爸爸一块儿钓过鱼,用的诱饵是老板提供的,听说蚯蚓可以,小虫子可以,小鱼可以,肉也可以,关键看钓什么鱼,要对鱼下饵。

“大少爷,这是农村,没那么多讲究。先下水摸河蚌,再把河蚌破开,用蚌肉做诱饵。”我觉得关心好像个男孩子。

“我是旱鸭子,可不敢下水。”我谈水色变。

“你不是学过游泳吗?”关心说话时带有鼻音,我知道她有轻视我的意思。

“那是游泳池,和这大江大浪能比?”我怯怯地说。

“这也算大江大浪?最多也就是个小河沟。”关心的鼻音更重了。

“你没听说过小河沟里翻船,宰相肚里才最安全?”我这人没啥本事,也就点嘴上功夫,常被喻为煮熟的鸭子。和旱鸭子是一路货色。

“那你在岸上拉着我，我下去摸总可以了吧。”关心连鼻子都会说话。

我觉得那样很丢份儿，可人遇弯腰树，不得不低头。

农村真是个广阔的天地，竟能锻造出关心这样的人才。她挽起裤管，先试探，一发现目标，就用脚慢慢把河蚌夹上来，屡试不爽，我都有点崇拜她了，但我不能说。

把破开的蚌连壳带肉放进带有绳子的筐里，再放上几块小砖头压着，放入水里就行了。

“要是再放些肉骨头就更好了。小鱼、小虾一闻到肉香就放松警惕，咱们一拉网就齐活了。”

我去找了一大堆肉骨头。不能让关心什么眼看人低，咱不会摸蚌，可咱会找骨头。我真有点儿阿Q了。

拉起绳子，哟，还真不少，小虾米、大钳虾、大老黑，形形色色，我们把活蹦乱跳的虾一个个捡到罐头瓶里，把那些只知道瞎蹦的小鱼儿放生了。我们以德服鱼，决不干欺负小鱼的事。

“我考考你，你说我们学过的课文跟虾有关的有哪些？”这个不太爱学习的关心忽然问起她不擅长的问题，真是自找苦吃。我功课比她好多了。

“《社戏》里有‘虾是水世界里的呆子’。”我说，把头昂得高高的，“你要说不出来，你就是这虾。”

“门缝里瞧人，谁说我说不出来。《妙趣横生的虾》，是吧？”

“小学课本里有《天鹅、梭子鱼和虾》《小虾》，我还读过《活蹦乱跳的虾》……”我说了一串，把关心吓跑了。

远处是游泳的热闹场景。关心不陪我，去了我才知道，游泳的孩子都是光屁股的，身上晒得跟泥鳅一样。浑身挂着水珠，刚出水面又入水底。最绝的是小样儿，他会“闭气功”，一猛子扎下去，看见是从河这边进去的，出来了已到对岸，他是贴着河底的泥游的，所到之处，留下串串水泡。

正在愣神，我被推到水里了。一帮小孩子和我玩起了打水仗，我闭上了眼，因为我根本没有还手之力。

“你还真有两下子，好多城里孩子都不敢下水。”小样儿夸我，我没说话，我在想，到底是谁把我推下来的？

小样儿要和我比试比试看谁游得快。我游的是蛙游，小样儿游的什么泳也不是，爸爸说那是狗刨。

我在电视上见过狗狗游泳，和小样儿游的一模两样。

小虎子在跳水。他们不是从跳台也不是从跳板跳，而是从一个稍高的地方往河里跳，一轮又一轮，玩到没劲跳不动为止。

说往下跳也对也不对。有高度就是往下，但主要是向前扑，不是看跳得多高，而是看扑得多远。

小豹子不信邪。

“这算啥本事，看我的！”他比小虎子瘦高，灵巧，不用助跑，直接往河里倒着扑。这个动作看似简单，其实要求挺高的，没有一定的腰腹力度，不可能扑得远。

小虎子结实些，粗胳膊粗腿，看着显笨。他做了一个和小豹子一样的动作，也挺远的，就是水花压得不好，但气势磅礴，引来一阵掌声。

两个人你来我往，互不相让，其他看热闹的人都在那儿起哄。

水火无情，妈妈怕我出意外，把我喊回家了。

“你爸爸说，他小时候就是在这条河上游泳，差一点连小命都丢了。”奶奶不像在开玩笑，“看见对面那水葫芦叶没有，你爸一猛子扎下去，想从水底游到对面，一下子钻到水葫芦叶下面去了，他水性好，东撞西撞，最后还是出来了。邻村的海军就是钻到下面闷死的。你……”听奶奶说到我，妈妈感到害怕，赶快截住了奶奶的话头。

“咱们还是去看钓鱼吧。”关心挺无聊的。

钓鱼的是两个刚上小学的毛头小子，一个叫狗蛋，一个叫狗剩，是叔伯兄弟。

他们一会儿打一会儿钓，反正不消停。

狗蛋的渔竿是根不长的竹竿，上面拴一根不太长的细线，钩是大头针做的，上面穿着一截蚯蚓，很随意地放在水里。狗剩用的是一根细木棍，其他的东西都差不多。

“钓到没有？”我问他们。

“还没有。”狗剩胆大些，一抹脸上的鼻涕说。

正说话间,从河边的柳树上掉下一个叫洋辣子的虫子,不偏不倚正好落在关心的脖子里,她吓得像杀猪一样叫。我开始还暗自窃喜,心想报应了吧,但看到真难受,我倒有点同情她了。

"还不赶快帮我拿出来!"关心向我求救。

我下不了手,虽然是兄妹,但男女有别,况且我们是同学,向来井水不犯河水。

"你是我亲哥,你怕啥,赶快。"我没法了,只得闭着眼下手了。由于我没看清,洋辣子让碰得往下落了,关心痛苦不堪。

我一不做二不休,直接把手伸到她后面的衣服里,将洋辣子夹了出来。扔到地上,用脚使劲踩。

"哥!"关心不那么痛苦了,叫得我肉麻兮兮的,我从没听她这样叫过我,她甚至没有叫过我哥。

洋辣子真厉害,它碰到的地方,立马起一道疙瘩,红红的,硬硬的,关心又让我给她抹清凉油,我都照办了。她看我的眼神和平时明显不一样,我这是因祸得福吗?

我们回到家,天已快黑了。

袅袅炊烟从各家的烟筒里向外升腾,被风一吹,越来越淡,淡到没有。

鸡鸭开始回圈,小猪围着主人不停地哼唧,一定是肚子饿了,要吃食。在农村,基本没狗什么事,它们很识趣地该干啥干啥去,只有掉落到地上的东西还有可能成为它们的果腹之物。当然发现目标,动作要快,否则主人会捡起来喂猪。

"吃饭吧。喊你爷爷。"妈妈对我说。

爷爷在门外修墙,我喊他他听见了,但他说让我把他的拐杖拿来。

"你活儿都能干,要拐杖干啥?"真气人。爷爷立马变换一副弱不禁风的样子,我只得去给他拿。

估计爷爷做饭的活儿让妈妈抢了,他才换了修墙岗。

妈妈做的饭自然以素为主。

"有什么好吃的,老妈?"我直冲进厨房。

"都是你没吃过的。"妈妈故意卖关子。

妈妈跟我说过，回家得多干活，少说话，否则会被人戳脊梁骨，说你不懂事。

我一看还真见过。

妈妈说：“这是‘三英战吕布’。”其实就是白萝卜缨、胡萝卜缨、红萝卜缨，外加一根油条。

“‘二郎担山’。”两个咸鸭蛋，一根裸体黄瓜。

“‘张飞当差’。”豆芽炒韭菜。

虽然都是素菜，但有一道深得人心，我也觉得挺解气。

“‘小日本炝锅’。”妈妈把傻倭瓜切丝，先用肥肉炝锅，然后爆炒倭瓜丝。

还没开吃，关心的一句话让我的注意力彻底从吃上移开了。

“你知道下午你是被谁推下水的吗？”她神秘地笑着。

真的不怨你

——第一次去餐馆打工

"昂立,你也在这儿吃饭?"在老黑饭店见到我,不啻发现了新大陆,孙大意征得孙小意的同意,邀我一块儿坐下吃。

我僵在那里,平时巧舌如簧的我竟然哑口无言。

"算了。"我不知该如何跟他们解释。

老黑饭店在方圆几十里都很有名,卤味是一绝,据说配方是祖上传下来的。老板的太爷爷在皇宫当过差,是个大厨,做得一手的好饭菜,乾隆爷微服私访时路过咱们中原,看上两样东西:一样是长得跟花一样的梅姑娘,被乾隆爷带走了;另一样就是老板的太爷爷,他的手艺让乾隆爷很满意,也被带走了。从此他就在清宫伺候乾隆爷和梅姑娘。后来告老还乡,他把清宫的卤菜秘方带回了家,在家乡开了风味餐馆。由于人厚实,原材料货真价实,吃的人络绎不绝,口碑甚过金杯,口口相传,生意红火得不得了。

能在这里吃饭,本身就是身份的象征,几个学生在此意外重逢,自然要庆祝一番。

我越说不行,他俩越是坚持,搞得我一点脾气都没有。

我勉强坐下。

他们俩点了好几个菜:一个是猪头肉夹饼,一大盘,四周是饼,八个,中间是猪头肉,黄里透白,白里透黄,看一眼就能让人馋涎欲滴,闻一下香死个人了。一个是卤豆腐。别小看这豆腐,好多人都是冲着它来的。一次有一个顾客点名要卤豆腐,听说卖完了,扭头就走。还有一个是卤鸡,也是镇店之菜,饭店介绍上明白地写着,当初乾隆爷就好这一口,每顿饭都要有卤鸡,否则厨师就要挨罚。其他还有好几样。

“无酒不成席,咱们来瓶啤酒吧?”孙小意说。

“小孩子喝酒不好。”我说。

“那不行,自从放假都没见面了,怪想的,今天好好叙叙。咱们不光要喝酒,还要学着大人划拳。”孙小意和我很要好,他说他是我的“昂丝”。

“好了,端菜。”领班王小姐喊。

我赶快跑过去,把猪头肉夹饼端了过来。几个人不用招呼,六筷齐下,嘴很快塞满了。

“卤鸡好了。”王小姐又在喊,我去端了来。正赶上卤豆腐也调好了,我顺手端来了。

半大小子,吃东西不惜力,一会儿就差不多了。

“喝酒。”孙小意和我们碰着杯,嘴里说着“Cheers(干杯)”。不大工夫,一瓶“雪花”下肚了。酒壮怂人胆,连平时话不多的孙大意嘴里也没了把门的。

“昂立一号,你说梅姑娘后来怎么样了?”孙大意歪着脑袋问我。

“啥梅姑娘?”我被问蒙了。

“就是这介绍里说的。”孙小意指着墙上说,我恍然大悟。

“我哪知道,你问乾隆去。”我说。

孙大意吐了吐舌头,说:“我不敢。”

“咱们划拳吧?”孙小意真够闹的。我说不会,他说学呗。

“我见过表哥和他的女朋友玩过‘两只蜜蜂令’。我教你们。”孙大意自告奋勇。

“口令是:两只小蜜蜂呀,飞到花丛中呀,嘿!石头,剪刀,布。很简单的。然后猜赢的一方就作打人耳光状,左一下,右一下,同时口中发出‘啪,啪’两声,输方则要顺手势摇头作挨打状,口喊‘啊,啊’;如果猜和了,就要作出亲嘴状,还要发出两声配音,声音出错则饮!”

我们试了两次,和了,按规定得亲嘴,谁亲谁呀,两人僵持不下,后来不了了之。

milk
J
P

“珍珠丸子汤好了。美容木瓜也好了。”王小姐喊。见没人应,她又提高分贝喊了一次。我忽然意识到什么,马上起身去后厨。

“你不用去,让服务员端就行了。”孙小意拉着我。

“还是我去吧。”我坚持着。

“唉,对了,那不是咱的。”孙大意说,“咱们继续玩吧。”

我还是要去,态度很坚定。他们俩用奇怪的眼光盯着我,好像我是外星人。

我把汤端给一位先生,他连看都没看我一眼,只顾埋头喝。

我再把木瓜端给一位姑娘。这位姑娘穿着一身粉红连衣裙,本来她就白,一衬就更白了。她扎俩小辫,辫子上绑着蝴蝶结。我给她端木瓜时,她正在玩手机。

“小姐,您的木瓜来了。”我很礼貌地说。

“放这儿吧。”姑娘随口说道。

我放下后就走了。

“回来,我让你放这儿,你放哪儿了?”姑娘和刚才好像换了个人,声音一下高了八度,吓我一跳。

我很不情愿地把木瓜往她指的地方挪了挪。

我正准备走开,姑娘一把抓住我,差点把我带倒。

“你啥态度?顾客是上帝,你就这样对待上帝?木瓜让你弄坏了,我不要了,叫你老板来!”我一看有块木瓜歪了,但绝对不影响吃,她这是在找碴儿,可我也没招惹她呀。我觉得好委屈,要是在家里,我一定会当着爸妈的面大哭一场,可这地儿不行。男子汉大丈夫要坚强。我想到了地震中的“猪坚强”和“猪刚强”,心里告诫自己一定要忍。

老板闻讯赶来,脸上赔笑,嘴上赔不是。

“我要退掉。”姑娘在耍横,其实是在耍赖。我注意到,她趁乱吃了好几块木瓜,这会儿说要退掉,不是要白吃吗?

“不用退,这算是我们孝敬您的,放心吃吧。”老板见姑娘情绪稳定了些,又说了些安慰的话,“这是梅姑娘喜欢吃的,你和梅姑娘一样,都是漂亮姑娘,别生气了,生气了就不漂亮了。”老板的口才真好,看来当老板也挺不容易的。

我刚想替老板抱不平,谁知老板转脸对我说:“你今天的工资要全扣掉,明天不用来了。”唉,啥时吃亏的都是打工的。

我又回到孙家兄弟的桌上,喝酒的兴致荡然无存。孙家兄弟丈二和尚摸不着头脑。

“你怎么替别人端菜?”孙大意觉得事情蹊跷。

“学雷锋呗。”我不想跟他们说我在这儿打工,更不想说是因为打工得罪了那位姑娘。

“东北人都是活雷锋,你又不是东北人,咋跑这儿学开雷锋了?你骗人。”孙小意看出了破绽。

我只得如实相告。

假期在家没事,想参加社会活动,锻炼一下自己。爸爸跟老黑饭店的老板认识,他把想法跟老板说了,老板同意,说一天一块钱,干够一个月发工资。我就去了。才干了一天,没想到碰到了他们兄弟俩,端菜时又被那个姑娘莫名地欺负了。

“我去找老板理论。”孙小意一听说我的遭遇,气不打一处来。我赶紧拦住他,多一事不如少一事,再说事也不大,不给钱就算了,反正我也不是为挣钱来的。

“不能便宜了他。你等着。”孙小意说罢打了个电话,把大致情况说了,不知对方咋说的,从孙小意的表情可以看出,事情有眉目了。

没多大一会儿,老板出来了,直奔我而来。

“我和同学在吃饭,我被开除了,在这儿吃饭可以吧?”我给老板解释。

“对不起,对不起,都是误会。你的工资照发,明天继续来上班。”老板满脸堆笑。我说没事的,我不来了,还有功课要做,不麻烦了。

老板说:“一定要来,不来去你家找你。”这不是绑架吗?

我偷偷问孙小意到底咋回事,孙小意说,他给他叔叔打了个电话。

“你叔叔是干什么的?”我问。

“工商局的。”孙小意说得很轻松。

怪不得呢,老板紧张得跟孙子一样。

孙大意说,也不能便宜了那位姑娘。他要去跟她理论,刚巧姑娘往外走，孙大意就跟出去了，我们只好都跟着。

我们出来才看清，那姑娘并不大，应该是个学生。

“为什么为难我们同学，害得他把工作都丢了？”孙大意指责那位姑娘。

“小不点，竟敢指责我。你同学是童工，小心我告你，连老板都得关门。”姑娘人小鬼大，不是善茬。

“他其实是参加社会实践，并不是真打工。”孙小意口气缓和些。

“我不是专门针对他的。”姑娘的语气也不那么硬了。

她说，她本来和男朋友约好在这里吃饭的，可左等右等不来，给他发短信也不回，所以把火撒到端菜人头上了。

“对不起。”姑娘说得很诚恳。

一会儿大家都熟悉了，并互留了 QQ。

“回去我 Q 你。”姑娘莞尔一笑，我心里的不快烟消云散了。

情商该充值了

——第一次丢丑

“快点上车,要不就晚了。”爸爸催我多遍了。

我这人性格太肉,妈妈说我就是一个馍夹肉。至于肉到什么程度,我给你举个例子,你就明白了。

有一次快一点了我还没到家,等我到家属楼前时,听见妈妈正在问看门的爷爷:“见我们家李昂回来了没有?”爷爷说:“噢,我知道,就是那个走路慢得怕踩死蚂蚁的小胖子是吧?平时他放了学就蹲在这门口看大人下棋,今天还没见着。”

我把爸爸提前给我准备的好吃的都搬到车上,有半只烧鸡,一块牛肉,一盒绿豆糕,这都是我爱吃的。还有一堆水果。

每星期为我买东西是爸爸的必修课,我也习惯了,也觉得很正常,没有倒觉得奇怪了。

我一到学校,同学们就像众星拱月,把我围在当中,我很享受这种场面。

“有啥好吃的?”范小曾脸上除了笑,什么也看不见。

我一般都会拿出来和大家共享,你一个,他一个,她一个,大家都摆平了,我的东西也差不多没了。

“一朵花儿开就有一朵花儿爱,满山的鲜花只有你是我的真爱,好好地等待,等你这朵玫瑰开……”范小曾边吃边唱。

我是玫瑰花吗?我觉得自己的想法很危险。

有一次，同样的情景，天下着大雨，到处雾蒙蒙的看不清楚，我下了爸爸开的车，正在愁没有伞，忽然从校传达室里呼啦啦冒出一帮人，有的给我打伞，有的帮我拎东西。我忽然有种皇帝般的感觉。

我姓李，李姓在唐代是皇姓。我没机会当皇帝，但能品尝一下这滋味也不错。

忽然我感觉不对劲，李木森一手拎着我的食品袋，一边掏出我带的烧鸡开始大快朵颐，一点也不见外。

"森氏纯水，那是我的，你怎么不经允许就吃开了，全不拿自己当外人不是？"李木森噎得半天说不出话来。

可能是烧鸡噎的，也可能是我的话噎的。前一种可能性更大，像李木森这种刀枪不入的家伙，才不会理会你说什么。

"见面分一半，老规矩。"他用袖子抹了一下嘴上的油，半天才吐出一句不是象牙的话。

"凭啥呀？那是我的。你要吃吃你自己的。"我急眼了。

"你这话我就不爱听了，什么你的我的，五百年前，咱俩可是一家，打断骨头连着筋。我这次不是没带嘛，先吃你的，等我有了，再吃我的。"

哪次我也没见他带过，不过我懒得再理他。

等我去抢袋子时，袋子已经空空如也。

我有点出离愤怒了。

"不是见面分一半嘛，怎么一点也没有了。总得给我留点吧。"我的声音有点高，门卫师傅伸头看了看，意思是用不用叫老师。

"我是留了一半，老天作证，我只吃了一半，谁多吃了下辈子变猪。另一半让熊心他们吃了。"李木森赌咒发誓，故作无辜状。

这种情况一直在延续，我也没想出更好的办法。让他们吃吧，没我的了，白带了；不让他们吃吧，会被人说成小气。我纠结得胃疼。

后来我发明了一招，有点小用。

"想吃可以，咱们通过比试决定谁吃谁不吃，谁吃多谁吃少。"我的想法很朴素：我们班是名校的实验班，个个成绩都不错。大家在学习上互不相让，你追我赶。我的特长是作文好，口才好。通过公平竞争，分到一杯羹不难，总比啥也吃不到强。

他们自然心花怒放，这空手套白狼的事不愿干是傻瓜。

“比啥？”李木森第一个跳出来接招。

“脑筋急转弯。”这是我的长项。

“谁怕谁呀！但得有规矩。”老师说过，熊心在班里智商不是最高的，但情商最高。他的思维比较别致。

“先说和吃有关的，违者算输。”我说。

“我先来。”范小曾是个闲不住的人，“麒麟飞到北极会变成什么？”

“这个只有四年级水平。冰淇淋（冰麒麟），谁不知道。”熊心说。

我还真不知道，好险。

“这容易，我也说一个。有一只鲨鱼吃下了一颗绿豆，结果它变成了什么？”我比葫芦画瓢。

“这也太小儿科了，绿豆沙（绿豆鲨）。咱说点有技术含量的好不好？”熊心的脑子真好使。

“行，我来个高难度的。有一只狼来到了北极，不小心掉到冰海中，被捞起来时变成了什么？”李木森说。

“我都不稀罕说了。”熊心闭嘴了。

我知道是槟榔，但怕说出来被熊心小看，忍住了。

“我说一个，大家要是能对上来，我不吃了，全给你们。”我的话引起了他们一群人的斗志。

“布和纸怕什么？”他们七嘴八舌，有说怕水的，有说怕火的，还有摇头晃脑的。

“怕老鼠咬。”李木森深思熟虑后不肯定地说，招来一阵猛批。

我公布的答案出乎意料：布怕一万，纸怕万一（不怕一万，只怕万一）。他们不服，也没法。

“算我们输了，再加赛一个，才显得公平。”熊心要是用他的情商来学习，我认为我们班一定没人能赶上他。

“我说你答，三局两胜。赢了你全吃，输了我们全吃。敢赌吗？”

“一言为定，驷马难追。”我是吃软不吃硬的货。

"哪个牌子的电器最难看?"

我知道一般的答案肯定不对,想看看下面两个题是什么。

"继续说。"我说。

"天助我们也。这个你不知道,另外两个你肯定也不知道。耶!"熊心和各位一一击掌,好像他们已经赢了。

"听好了,第二个是:哪个牌子的电器最难闻?第三个是:哪个牌子的电器最差?"熊心胸有成竹地看着我。

我认输了。这题没法答。

"告诉你吧,答案只有一个:TCL。"熊心得意扬扬。

"Why?"我有点气急败坏。

"毛毛雨雨了。你想啊,太丑了、太臭了、太次了、太菜了,拼音的首字母都是TCL。记住了,以后打赌的时候你可以拿来考别人。"熊心这次算露脸了。

我不妒忌熊心,有点恨自己情商不够,情商余额严重不足,也没有充值卡。

我知道KFC是肯德基,也是"开封菜",但没有活学活用,学无止境,信之。

这还不算丢丑,真正丢丑的还在后面。

因为脑筋急转弯没弯过熊心,我带的一包东西包括我最喜欢的两个猪蹄,六个凤爪,几个鸭脖都成了他们的口中之食。除了我,他们各有斩获,真是天理难容。

吃的亏多了,人就要想办法。

一是打埋伏。我把食品分为两袋,一袋放在显眼的地方,一袋放在不显眼的地方。

"昂立,带啥好吃的了?让我们替你品尝一下。"范小曾干着过去常干的事儿。

"有。"我把显眼的那袋拿出来供大家品尝。

大家吃得欢天喜地。

到了夜深人静的时候,趁大家不注意,我才慢慢地享用另外一袋。

第一次出奇地顺利,我暗自庆幸,多次给自己的情商加分。

第二次就出事了。

我正在吃,李木森忽然喊了一嗓子:“有老鼠!”

大家一齐聚拢过来。

“好哇,背着我们偷嘴吃,老实交代,还有没有了?”熊心像审贼一样。

我就奇了怪了,吃自己的东西反而被诬偷嘴,像做了见不得人的事一样。可毕竟心虚,我不打自招,将没来得及吃的东西交出来了。

“真相只有一个。”李木森号称“小柯南”,口头禅就是这句。他背着手围着我不停地转,嘴里念念有词。我被侦探了,悲摧!

二是明修栈道,暗度陈仓。

有了这次走麦城,我自觉理亏,但是我不愿缴械。

大家对我的看管更严了,几个人轮番监视我。

李木森有事没事就在我身边转一圈,并背诵米兰达警告(Miranda Warnings):“You have the right to remain silent and refuse to answer questions. Anything you do say may be used against you in a court of law.”怕我听不懂,还用汉语翻译了一遍:“你有权保持沉默,但你说的每一句话都将作为呈堂证供。”其实这完全没必要,我在小学五年级之前熟背过四册《新概念英语》。

“鲁班面前耍斧子。接下来是什么?英语的。”我发觉不能做“沉默的羔羊”,要反击。只有反击才是最好的防守。

李木森用眼神向同伴求救,熊心赶快去翻书。我对他的评价是智商远远低于情商。

“You have the right to consult an attorney before speaking to the police and to have an attorney present during questioning now or in the future.”(如果你付不起律师费,只要你愿意,在所有讯问之前将免费为你提供一名律师。)我一说英语他们都老实了。

这个环节,我用知识捍卫了自己的地位。

按这样发展下去,我应该以胜利者的姿态出现,但结果并不是这样的。

我拿出了杀手锏。

“爸爸,你把我的东西拿进宿舍吧。”虽然我两手空空,但爸爸对我总是有求必应，甚至无求也应。做父母的其实也挺不容易的，他们没有实现的梦想总想通过子女来实现。可他们没有实现的梦想太多，而我们的能力又有限，这就形成天底下最大的矛盾：父母认为子女做得远远不够，子女认为父母要求太高，还不理解自己。

侦探和他的随从一如既往，见我空手进宿舍，疑窦丛生，可也找不出破绽。

晚上，李木森的狗鼻子又开始侦探："好像有瓜香。"他说话时一个劲儿地看着我。

"真的没有。"我像革命党一样坚毅。

大家不信我的话，但也没法。

"请允许我尘埃落定，用沉默埋葬了过去，满身风雨我从海上来，才隐居在这沙漠里，该隐瞒的事总清晰，千言万语只能无语，爱是天时地利的迷信，噢，原来你也在这里……"范小曾像在唱给我听，也像是在自我解嘲。

一个星期过去了。

"什么东西坏了，你们闻。"又是李木森那侦探调。

"好像是。"我和大家一起附和。

连老鼠洞都看过了，什么也没发现。侦探很失望。

翻箱倒柜，连被窝鞋里面都查看了，没有收获。

最后大家打开标志着个人隐私的抽屉，我的嘴变成了"O"形：抽屉里一个甜瓜严重变质，面目全非，跟狗屎一样。

我的脸刷一下红了。甜瓜是上次被爸爸带进来的，怕大家发现，我就锁到抽屉里了，时间一长就忘了，成了这副惨状。我想找个地缝钻进去，可是哪有呢？

大家很鄙夷地从我身边散去，将我和烂掉的甜瓜留在原地……

最爱我的人去了

——第一次去殡仪馆

我从来没想到和殡仪馆有啥关系。

我在学校请了半天假,老师说只能一次请半天,多一点也不行,因为马上就要考试了。分分分,学生的命根。假是一定要请的,否则我一定考不好,我一辈子心里都会不安。因为那个最爱我的人去了,他是我的爷爷,最亲最亲的爷爷。

一辆面包车把我拉到了殡仪馆。

路很不好,面包车颠簸地行驶在低洼不平的窄路上,我的心和这种路况很切合。

殡仪馆离市区较远,卖纸香鞭炮的小贩围拢在殡仪馆外面,只给行人和车辆留下窄窄的一条道。

进了殡仪馆,厚厚的绿让人压抑得透不过气来,阴森森的,有点怕人。要是我自己,大白天我也不敢进。

两条直道通往馆后,路两边是整齐的冬青树,对逝者表达着无尽的哀思。馆后有个塔楼很别致,那是骨灰塔,馆里的标志性建筑,是用来存放故人骨灰的。塔旁边的那个楼是我们要去的地方。

爷爷在排队,我们也在排队,为爷爷排队。

旁边还有一家人,一群身穿白衣、腰系白布条的男女聚在一起,一个中年男人抱着一个老妪的照片,老妪的笑模样显得很满足。女人在哭,男人在说闲话,有的在吸烟。

这是很肃穆的地方,但我也发现了相反的一面:有个年纪不大穿红衣的男人在笑。

“死人了,他怎么还笑?”我低声问妈妈。

“久病床前无孝子。说了你也不懂。”

大人总是高深莫测,我觉得是在故弄玄虚。老说我们不懂这不懂那,其实我们不傻,有些东西我们比大人还懂。

妈妈看出了我的不服。

“也许是喜丧。”妈妈补了一句。

喜丧,就是盼着老人早点走,省心。老人一走,高兴还来不及呢。大人就是虚伪。

天好热,汗不断地从脸上流下来,洇湿了我的上衣,连裤子也裹到了腿上。我吃得胖,比别人更怕热,我不停地喝水,不停地往厕所跑。

“你能不能少喝点?”妈妈怪我。

我心里全是考试的事,急着回学校,一着急尿就多,但我哑巴吃黄连——有苦说不出。我选择了忍。

爷爷被推出来了,他安详地躺在棺材里,旁边摆放着鲜花。

爷爷去世时,我在上学,不在旁边,听说爷爷咽气前还在问我,他最大的希望是我能考上北大、清华。他当初高中毕业没能考上大学,遗憾终生。我爸爸考上了河南大学,爷爷很高兴。爷爷在乡中学教书,他的好几个学生都考上了北大、清华,他希望我能圆他的北大、清华梦。我上的是名校,能不能考上北大、清华,我也不知道,压力山大。

我急着回去上课,爷爷的在天之灵一定会理解的。

哀乐(葬礼进行曲)回旋在上空,人们面无表情,只有小孩在打闹。

妈妈和我婶子、姐姐们都在低声啜泣。

老家的规矩是,老人去世的时候,儿子要守在旁边,送老人最后一程。爸爸和叔叔都在郑州,爷爷得的是脑栓塞病,住在郑州的医院里,他去世的时候,几个儿子都在旁边。

另一个规矩是,要有人哭,哭的人越多,显得老人越有福气。男人哭不出来,所以一般都是女的在哭。不哭说明你不孝,谁也不想落下不孝的骂名。

我觉得有些人是在演戏,而且演技还不错。

我爷爷生病时,他的一大堆亲人去看他的并没有几个,有的去了就是应应景,有的连去都不去。

爷奶来郑州好几年了,一直住我家。有一次去我叔家住了几天,就被送回来了,我爸问怎么了,得到的答案竟然是:他们老咳嗽,影响大家睡觉。他们老了,身体不好了,能不咳嗽吗?

后来听说真正的原因是爷奶是照顾我来的,就应该住我们家。我的弟弟妹妹在老家时,还不都是我爷奶照顾大的?

我挺服我爸爸的。

我曾跟爸爸开玩笑说:"你爸不如我爸。"因为过去我爷爷家很穷。

爸爸勃然大怒,警告我以后不能再说这类混账话了,吓得我好长时间没敢跟他说话。

"老人活着的时候,对他好些,死了以后,咋着都行。"爸爸对妈妈说,"活着你不对他好,死了又是披麻戴孝,又是买东送西的,都是给活人看的,有啥用?"

"大家按顺序和老人告别。"告别仪式是舅爷主持的。

爸爸、三个叔叔,我妈、三个婶婶,姐姐、弟弟、妹妹依次围着棺材和爷爷告别。

奶奶哭得最伤心。

"你个狠心的人,撇下我自己,叫我以后怎么活呀?你要有良心,带我一块儿走吧。"奶奶一头向棺材撞去,要不是舅爷手快一把拉住奶奶,奶奶指不定撞出个好歹来。

我抱住奶奶。"别怕,有我呢,我一定对你好,你放心吧。"奶奶对我的好,我一辈子也不会忘记。

有个婶子哭着说:你去得太早了,我们还没孝顺您呢。就是她在老家时,因为和叔叔生气,把我爷奶家的锅砸了,害得他们好几顿没饭吃。从这个角度讲,爷爷走了,是去享福去了,眼一闭,心不烦。

爷爷穿着一身新衣服，蓝色的，还戴着帽子。脸色比平时好看些，是化妆的效果。

看爷爷最后一眼时，我鼻子一酸，眼泪止不住掉下来。

“舅爷，我要给爷爷唱首歌。”我哽咽着说。

“记得那天爷爷是你最爱陪着我，走在乡间小路买糖果，你不会说童话故事也不会唱歌，我却是最幸福的一个。记得那天你看电视陪我做功课，我很怀念房间的摆设，你还教我要有积蓄才有好生活，快乐是对自己的承诺。我已经坚强地长大，不再是小娃娃，今天在远方的你看得见吗？……”

这是钟欣桐的《你看得见吗》，最能表达我此时的心情。

我本想唱毛阿敏的《掌声响起来》：“多少青春不在，多少情怀已更改，我还拥有你的爱。……”

最后还是选择了《你看得见吗》。

爷爷是个音乐爱好者，会拉二胡。到郑州后，爸爸给他买了把二胡，他可喜欢了，跑了几条街，把能见到的歌本都买回来了，没事就在家里拉。爷爷的二胡水平不敢恭维，但那股认真的劲儿是一般人比不了的。

爸爸说过，过去家里穷，为了一家人的生计，爷爷和村里的一个光棍结伴去要饭，到人家门口就拉一段二胡，人家会抓把米什么的给他。有次一个富裕人家，不仅没给爷爷粮食，还放狗咬了爷爷，爷爷的小腿肚子被狗咬了一口，流了好多血，至今还留下一个大疤。

我的业余爱好是拉小提琴，曾考过业余八级，爷爷有不懂的就会问我，我总嫌他烦，态度不太好，现在想想真后悔。如果再给我一次机会，我一定补偿爷爷，可爷爷再也不会回来了。

人总是失去后才懂得珍惜。

爷爷退休后在家颐养天年，爸妈想尽尽孝心，就让爷奶来我家了。

我和爷爷、奶奶住在离学校很近的一套小房子里。我的一日三餐都是爷爷、奶奶招呼的，连家长会都是爷爷去开的。

爷爷中风后就落下了残疾，走路不便。每到天快亮时，他都要起夜，拐杖敲击地面，声音很刺耳，严重影响我睡觉，我向爸爸告过爷爷的状。

有一天晚上，我给爷爷盛了一碗稀饭，他说不喝，我以为他病了。

“他不喝就算了,你赶快吃,吃完了去学习吧。”奶奶催促我。

我总觉得有啥不对的地方,爷爷喜欢喝稀饭,一般情况下一碗还不够,怎么忽然不喝了?

在我一再追问下奶奶才说出真相,原来爷爷是怕起夜弄响地板吵醒我,所以才不喝稀饭的。我当时也没多想,不喝就不喝吧,我正好可以多睡会儿。

看着躺在那儿和我告别的爷爷,想着过去我的不懂事,觉得心如刀绞。

“爷爷,对不起!”我深深地鞠了一躬。我好想爷爷能跟我一块儿回家,我把他少喝的稀饭全给他补上。

老天爷,为啥不给我改正错误的机会?

爷爷去世那天是9月8日,火化那天是9月10日。

我是个百分百唯物主义者,但冥冥中的事也不能不信。

爸爸曾说过,爷爷当初也是文艺青年,成绩好,考上了县里唯一一所高中,但因为爷爷的父亲被错划成地主,他被剥夺了考大学的权利,回乡当了一名老师。

爷爷对子女要求很严,在学习上大力支持他们。他一生最得意的事是供我爸爸读完了大学,在城市扎下了根,然后我叔叔们才有机会和我爸爸一起走进城市。

退休后,爷爷最享受的事是过教师节,每年的教师节他都快活似神仙。他的最后一个教师节是在殡仪馆度过的,是在天国度过的,祝爷爷在天国里教师节快乐!

我忽然想起一件事:爷爷是个英语老师。在他生病的时候,他说话已不利索了,但还会问我一些英语单词,都是小儿科的,比如“cat 是猫,是吧?”“pig 是猪,对不对?”得到我肯定的答复,他开心得像个孩子。我觉得跟他说这种问题简直是在浪费生命。

有次他问我:“teacher 是什么意思呀?”我不知他是真的还是假的不知道,也不知该如何回答他。不回答吧,怕他以为我不会;回答吧,又怕他是在逗我。现在我明白了,这是一种情结。

有人说,老年痴呆的人或许不知道眼前的事物,但对过去熟知的事情却记得很清楚。

爷爷虽然病了，说话不清楚，但他对 teacher 的感情是少有人能比的。

“I think of the days we are together.”（我想着我们在一起的日子。）我试着用英语和爷爷对话，他已不会再说话了，我替他说。

“I'll love you as long as I live.”（爱你一辈子。）算爷爷说的。

“Every day I miss you. It is a hard time for me to miss you, but it is even harder not to do so. In such a contrary mood, I miss you deeply!”（在每个想念的日子，想你不容易，不想你更难，愿以一片难懂的心情，深深思念你！）我说。

“Do you understand the feeling of missing someone? It is just like that you will spend a long hard time to turn the ice-cold water you have drunk into tears.”（你知道思念一个人的滋味吗？它就像喝了一大杯冰水，然后用很长很长的时间流成热泪。）算爷爷的。

大家把注意力都集中到我身上了。

“这孩子想他爷爷想得太狠了，也难怪，和爷爷朝夕相处了那么长时间，人都是有感情的。”小婶子说。他们听不懂我说的话，以为我想爷爷想出了毛病，只有爷爷了解我的心思，可爷爷去了。

“爷爷，我一定替您考上北大、清华，您安息吧！”我在心里默默地说。

我不知道是怎么回到学校的，仪式没完，爸爸就催促我赶快去学校。

“耽误了学习，你爷爷会怪罪的。”爸爸这点和爷爷一脉相承。

回到学校，我还是觉得热，浑身冒汗。

不怕得病就怕后遗症

——第一次做手术

我从小就体壮如牛，身体绝对健康，生过的最大的病是发烧，38.2摄氏度，而且就生过一次，躺了半天就好了，再就是有点花草过敏，除此之外，再无病史。

你可能会问：这么健康的人怎么会做手术？

说到这事儿我也奇怪。

前一阵儿好好的，突然右眼皮上就出个包，刚开始没感觉，到后来包越来越大，不得已我找医生看了看，不看不知道，一看吓一跳。医生说我这是霰粒肿，要做手术，我差点吓瘫了，就这也要做手术？

我不想做砧板上的鱼肉任人宰割，自救的办法就是说服爸妈。

我在网上发了一个帖子，问霰粒肿是个什么毛病，什么原因造成的，需不需要手术。

有网真好，很快就有热心人解答。

肖汩君 | 二级

你好，我儿子刚做完霰粒肿手术，今天刚7天。里面还有小肿块。我搜索了很多资料，医生一般主张手术。中医不主张手术。热敷网上用得比较多，说是有效，就是要坚持！手术后遗症也不少，而且复发严重，手术破坏腺管后更容易得这个病。我家宝宝现在手术后还是要热敷。觉得千万不要轻易手术。过程还是很害怕的。宝宝没命地哭！后悔给他做手术了！希望对你有用！

如果是大人就没关系，因为复发率不高。

该不该手术，我心里还是没底，也不知该如何向爸妈说。再看一条：

sunmec | 二级

西医认为做手术治疗，病因不明。中医认为是脾胃不和及痰湿郁结形成，通过中药调理。我家宝宝做过一次手术，几个月后又复发了，又约了手术。同时还在进行中医调理。我认为，中医调理一定要找到对路的大夫。看了几个大夫，对其中一个比较认可，还在继续观察。

也是在谈手术的坏处，这些案例得搜集全了，好向爸妈进谏。下面一条：

1.局部红肿明显时可局部热敷。

2.患处涂抹抗生素眼药，如妥布霉素、左氧氟沙星眼膏。

3.对患侧耳尖放血治疗也是一种选择，约30滴。

4.若脓肿形成，没有破开且难以排出可以切开脓肿引流。

5.经3~4周适当治疗仍未消失，可以做切除术或刮除术。

这估计是个专业人士说的，较全面，但还是两种结果，做手术和不做手术。放血治疗，听着也挺可怕的。放血也需要扎针，一扎针我就紧张。还有别的说法吗？

得看看是什么样的，让医生看一下，有的点眼药水消炎就能好。如果结块了，最好是小手术一下，割掉，确切点说是，把囊肿块挤出来，肯定能好，也就两三百。

这个有点意思,连手术费都写上了,是怕我担心手术费高吗?不会,谁让我去手术谁掏钱,也就是说,爸妈自会主动全额买单,我才不操心。

爸妈总说我们家讲民主,我有自由。其实我享受的是受限性权利,最后,在我演讲结束后,他们意见出奇地一致:手术,联系医院。

事情就这么定了,不管我同意不同意,手术都在那儿,不离不弃。

医院离家不远,是妈妈联系的,她同学在这家医院工作,这让我稍微放心些。中国是人情社会,有熟人可以多吃二两盐,前提是你没有高血压。

主刀大夫挺年轻,二十多岁,看上去挺和善的。我一看到他就松了一口气,还好不是那种五大三粗屠户型的,否则我这只眼就废了。

你想屠户一刀下去,眼还能囫囵吗?

虽然放心了不少,但当我躺到床上的时候,还是有一种自己是砧板上鱼肉的感觉。一想到闪着寒光的手术刀,心里就不寒而栗。

毕竟这是大夫做手术,一切由不得你呀,一刀砍错,他就扣点工资,而自己……

网上这样的事多了去了:明明诊断的是左腿坏了,大夫却把右腿截了;明明是大拇指坏了,大夫却把二拇指截了;最可怕的是,明明是左肾坏了,却把右肾割了……

想到这里,心里一阵惭愧,活这么大,没有好好给父母尽过孝,万一儿子去了……又是一阵伤感。

“大夫,您是给左眼做手术,还是给右眼做手术?”我问得有点无厘头。

“右眼有毛病,咋会给左眼做手术?你这孩子还挺幽默。”大夫是个好脾气。

我嘴没说心想,我还敢跟你幽默,借我一百个胆!

“男子汉大丈夫,死则死耳,何足惧哉?”心中一股豪气升起,我牙一咬,闭目待死。心中又暗叹道:“什么屠龙、倚天、飞蝗石、袖箭、梅花镖,有什么法子尽管往老子身上使吧。”还真有一点大英雄舍生取义的味道。

“大夫,我哪边是右眼?”

“准备做手术的这只。”

“您确定能分清哪只是左眼,哪只是右眼?”

“这还用说。”

“那我就放心了。”

“别说话,一说话,你的眼就会眨,万一碰到手术刀,可不赖我。”大夫的态度还不错。

“别紧张,眼朝上看。”说着,大夫就把我的眼皮翻了出来,还逼着我翻白眼。

我心下暗叹,完了,有大英雄死的时候翻死鱼眼的吗?

看着慢慢伸过来的打麻药的针管,我的腿不安地抽搐了一下。不瞒你说,我不怕吃药,还就是怕打针,一看见针光就想闭眼,可惜大夫把我的眼皮夹住了,死活闭不上。

看着自己受到摧残,觉得最恐怖的酷刑也不过如此吧。

不过,我还是怕大夫割错了。

我的眼本来就小,多次被人诟病,感觉对不起爸妈。

妈妈的眼睛不算太大,但很有神,显得她很精神。爸爸的眼睛,这样跟您说,他全靠这双大得跟牛蛋一样(老家人都这么夸他,他也不认为有啥不好,就像东北人夸人脸长,像鞋拔子、猪腰子)的眼睛搞定我那年轻漂亮的妈妈的(当然生我之前她还不是妈妈)。他是双眼皮大眼睛,这本没啥稀罕的,但人家大得深沉而有力,就是人们常说的深邃的那种。好多人的双眼皮不注意找都看不出来,我爸爸的不是,那家伙老招风了,多远就看见了。

有次有个美女竟然问我爸:“你这双眼皮是在中国拉的,还是在韩国拉的?”

我爸爸得意地凑近她说:“睁开你那小眼睛好好看看,这是原装的,不是进口的。不带你这样妒忌人的。”

不知啥原因,遗传不到位,我这眼睛能敌我爸爸的一半我就知足了。您知道我爸的外号叫什么吗?四眼皮!别人的双眼皮都双两层,人家的四层,牛吧!

“哟哟,疼!”我正在胡思乱想,大夫下狠手了。

“瞎咋呼啥?这是打麻药,还没开始手术呢。”大夫笑着说。

打个麻药就这么疼,那手术岂不更疼!

我能清晰地听到大夫割肉的声音,打过麻药,也不怎么疼。我噤若寒蝉,怕大夫真的手一抖,把我的眼搞坏了,小是小,但还是原装的好。

看他忙乎了半天,也不知他都干了什么,就这么胡思乱想着手术结束了。到头来我连开口是在眼皮里边还是在眼皮外边都不知道,我大呼后悔,白白丢了一次吹嘘的资本,怎么说也是光荣负伤呀!

做完手术,大夫在我右眼上贴了块纱布。走在回家的路上,感到纱布的麻烦挺大。麻烦有二:一是视野太小,光撞人;二是太难看,行人纷纷侧目,回头率特高。

这时我想起了一句话:“不怕得病,就怕后遗症啊!”

不作死就不会死

——第一次考 SAT

面临中招,很多人都面临各种不同的抉择,而我充分地享受着天之骄子、学校宠儿的滋味。

我在班里位居前十,可别小看了这前十,因为我们年级 200 名学生是从全市选拔出来的,在这个地方说谁学习好,就像说 NBA 球员会打球一样。不光学习,德智体各方面都不差。

就说艺术考级,大多都有八级,九级的也有,还有十级的,随便找几个人就能办台晚会。

老师说了,我只要发挥正常,市里排前三的学校随便上。

一中校长的双胞胎女儿都在我们学校,她们为了完成爸爸下达的"抢人"任务,亲自当"卧底",想赤化我。

"昂,我爸说了,只要你点个头,到时不用考试,就可以到一中上学。"Twins(双胞胎)A 跟我说,神神秘秘的,像个特工。

"我爸说了,可以先签个合同,不管你到时考多少分,一中都录你。我们又可以成同学了。"Twins B 说。Twins A 和 Twins B 长得像极了,我们老师经常把她们弄混了,笑话没少出。

最后我还是通过考试,上了外国语学校,Twins 很失望。这也怨不得我,在我们家,我是有限权利,尤其是在中招这样的重大问题上,我说了跟没说一个样。

在军训中，我确立了在班中的地位，先当了副班长，后又荣升了班长。我的江湖地位日升，包括在班里和在家里。

“爸爸，我要在外面租房住。”我跟爸爸商量。这在我们学校有先例。

“不行。”爸爸在听了我的无数理由之后武断地说。

这当爸爸的真够呛。你不同意，还要让我列举这么多理由，不是逗人玩吗？我以为说了这么多，有情有理有节有据，他一定会欣然同意，没想到他竟然笑眯眯地说不同意。雨不大湿衣裳，话不多伤人心，好像是这么说的，管他呢！后来，我又有先有后有软有硬地和爸爸谈判几次，还和妈妈沟通过，结果是，“不同意”“以后你会懂的”“我要是同意了，你以后会埋怨我的”，全是这些貌似高深的鬼话。

沟通有极限，我要远走他乡，寻找自由的乐土。

“我要考 SAT(美国重要大学入学测验之一)。”我给爸爸下了最后通牒。

“啥是 SAT?”爸爸老谋深算，他知道我来者不善，平静地问我。

“就是考美国大学。我要去留学。”我想这样一说，爸爸会让步，让我在外面租房子。

“好哇，我正想让你去国外见识见识。路是你选择的，可不能半途而废。”My god！他竟然同意了，这非常出乎我的预料。

我该怎么办呢?

我是说了就要做的人，不撞南墙不回头，撞了南墙也不一定回头，不见棺材不掉泪，见了棺材也不一定掉泪。

买教材，咨询老师，咨询同学，咨询网上。

“不说你准备得怎么样，有一个指标，你背单词背吐了，就差不多了。按照常规的方式学习，门儿都没有。”一个参加过 SAT 考试的学姐这样跟我说。

我利用星期天的休息时间，到书城买了一堆考 SAT 的书，足有几公斤重。

听说读写，样样都有。

我就开始学。有些事，想着容易，做起来和想象的相差十万八千里。学习的难度，不说也罢。

学了一段,我实在吃不消了,于是声音低低地对爸爸说:"我不参加国内的高考了,只考美国大学。"我其实是应付不了双线作战,怕芝麻、西瓜都丢了,想集中优势兵力,打歼灭战。只要能考上美国大学,别人都不会说什么了。爸爸不同意,我就借坡下驴。

"可以。你要对你自己的选择负责。"说不参加中国高考,我以为爸爸会一蹦三丈高,没想到他竟然心静如水。爸爸真是个怪人,这就是人们常说的姜还是老的辣。

时间过得飞快,转眼就过去好几个月。我在班里的排名,如滔滔江水,倒流不止。

我的情绪坏到了极点,想骂人,又不知该骂谁。其实我从不骂人,至少我从不使用脏话。我想跟爸爸认错,让他支持我继续考中国大学,可我说不出口,半途而废不是我的风格。老爸也是的,挺聪明个人,他应该知道我咋想的,给我个台阶,多好,我多么需要个台阶啊。

怎么办呢?怎么办呢?

没有台阶,我就在空中飘着,上不着天,下不着地。

我白天学习课本,晚上加班学习 SAT。这样也行。

可这样真不行。

我一开始在班里排四五名,最差也不出十名,在年级前五十名。在我们这全省最好的学校,这样的成绩,保送没一点问题。可到了年末,我就到了一百多名,再后来就到了二百多名,三百多名,以至于后来我都不想再看排名了。

老师不停地给家长打电话,爸爸的脸越来越黑,越来越难看。

我爸爸是个家庭冷暴力的高手。这不是说他对我妈怎样,他也不敢。我是说他对我,绝对的冷暴力。法律上这方面为啥没有界定,以后我上了大学,就去学法律,把这一条加上,如果父母对子女家庭冷暴力,就治他们的罪。当然也不是非要法办他们,至少让他们知道,这是犯法的,不能这样。

咋回事呢?

是这样的,别人犯了错误,父母非打即骂。可我爸爸不,他就是不骂,也不打,脸黑着,不说话。你不说话,我也不知道你在想啥,折磨死人了。我皮糙肉厚,不怕打不怕骂,就怕爸爸黑着脸不说话。相比之下,我更喜欢我妈,虽然她唠叨得让人心烦意乱,毕竟她说出来了。

到了最后一年,不停地进行摸底考试。一摸,二摸,三摸,我连摸几次都摸得不好,有一次竟然摸到三本外去了(这是老师根据过去的高考分数线估计的),我连家都不想回了。

一天晚上做梦,爸爸黑着脸向我扑过来,要把我撕吃了,我拼命挣扎,还是被他得手了,他吃得满脸是血,连牙齿上也是,嘴角挑起狞笑。等我醒来的时候,全身汗湿透了,没一点劲儿,不想动,口渴。

我走下床,看着黑洞一样的夜空像个张着大口的巨兽,整个宇宙随时都可能会被吞下。带着哨子的风声远不止鹤唳,树叶也在捣乱,响声很怪异。

我觉得没意思透了,又回到床上等天亮。

妈妈说我没心没肺,睡觉像死猪,但我失眠了。

No zuo no die!(不作死就不会死!)

中国内地没有 SAT 考点,这和我们泱泱大国实在不相匹配,中国香港有,新加坡有,连越南都有,就我们这儿没有,天理何在?

要考试,得去中国香港或是境外。

先报名。只能网上进行,一次不行,两次不行,就是报不上,因为网上总点不开,点开了又交不上钱。妈妈说,自古华山一条路,拼了。全家齐上阵,找好几台电脑,不停地刷屏,一次次地尝试,一夜过去了,还是不成。

第二天继续,不知过了多久,总算是报上了,中国香港的。

我仍在努力复习,背,说,写,听。还要有社会活动成绩,资本主义国家和咱社会主义国家就是不一样。好在我参加过在复旦大学举行的模拟联合国活动,也算。

我心里很不安,尽管够努力的了,但还是没有背单词背到吐的经历,如果这是一个硬性高度,我命休矣。

坐在考场,我集中精力,不停地答题,很快题就做得差不多了,对错不好说,反正我相信一个真理:如果题容易,大家都会,不会的就被淘汰了;如果题难,大家都不会,会的就烧高香了。别人会的,我一般都会,别人不会的,我不一定会。

我去了一趟厕所，回来时，监考老师用英语和我说了一段话，意思问我去干什么了。我如实回答。

真怪，去时他不问，回来时他却要问。搞不懂。

考完了，如释重负。过了罗湖桥，我的心情稍微好了些。

到了深圳地界，我想就这样回去，也太可惜了。不行，得犒劳一下自己，慰藉一下我这疲惫的心灵。

星巴克，听说过，没进过，进去看看。

里面人好多，大多都是年轻人，挺时髦的，让人艳羡。

一个和我年龄相仿的小女孩正在悠闲地吸着冷饮，看人时眼不全抬起来，也就是说，基本上用的是余光，我觉得怪拉风的。本想过去和她搭讪几句，又怕她爱理不理的，就打消了念头。

不吃点喝点，回去跟同学们也没啥吹的，人过留名，雁过留声，咱留不了名，也留不了声，干点力所能及的吧。我要了一杯冷饮，一个汉堡，外加一小袋炸薯条，一算好几十。就这吧，多了咱也消费不起。

几个星期过去了，妈妈收到了从香港发来的信。

信已被拆，问送信者谁拆的，答曰不知道，问了几个人，都这样说。看罢信，妈妈气炸了：你个王八蛋！

信是用英语写的，信里说我考试作弊，0 分处理。

第二天，妈妈就听到很多闲话，说我在香港考试作弊，0 分。

其实，考上考不上，倒不是最关键的，国内考试还有的是机会，可以保送，可以参加自主招生，可以考提前批。可饿死事小，失节事大，怎么能说我作弊呢？我从不作弊，这是我做人的底线。

我向香港组织考试方面申诉，他们认为学生离开考场，就有作弊之嫌。我已告诉他们，我去厕所了。

后来，他们改变了结果，给我恢复了分数。

有两件事让我很不开心。

一件是我只考了 1900 分，离标准差了不少，改判了意义也不太大。

另一件是妈妈单位有人坚称，我因为听不懂监考老师的英语，被判 0 分。我倒无所谓，反正没考上，说别的都没用了。可妈妈很伤心，要强的她，因为儿子被人耻笑,给她的打击是沉重的,极具杀伤力的。

“以后你的东西不要寄到我们单位了。”妈妈说这话时脸上结着厚厚的冰。

我至今觉得好对不起妈妈。

妈咪,对不起!

要听妈妈的话

——第一次被抢

“为什么要听妈妈的话，长大后你就会开始懂了这段话……”这是大家耳熟能详的周杰伦的《听妈妈的话》。我有时就不太听妈妈的话，也没见怎么着，但有一次却把我害惨了。我发誓以后一定要听妈妈的话。

留学让我很新奇，但不是欣喜。

这就是人们常说的，没有得到的想得到，得到了不珍惜。

疯狂的暑假结束了，妈妈给我换好了欧元。

“把钱装好，别丢了。”“在家千日好，出外一日难。”“最好分开放，零钱放包里，整钱放衣服里。我帮你缝小裤衩里吧。”妈妈说了一万遍类似的话，我的耳朵都快起茧子了。

妈妈有事也去了北京，本想让我和她一起，主要还是为了监督我，我明白。我又不是小孩，我是成熟稳重、风流洒脱的留学生，是绅士了，不是土包子。

我嘴里应着，心里还在想怎样摆脱妈妈，和我京城的同学相会。

“别去了，这么晚了，晚上还要坐飞机。”妈妈虽然这样说，但我要坚持，她也没法，只能勉强同意我去。

胡吃海喝，胡说八道，吃的啥说的啥，后来都记不住了。只记得一个同学的父亲开车送我去的机场。

在飞机上，我头痛得厉害，像要炸了一样，想睡又睡不着，9月就是这样的天。

好不容易熬到阿布扎比，该死的飞机才停下来，走下舷梯，我使劲儿吸一口气，觉得胃里稍微舒服点儿。

阿布扎比的温度真高，天色尚早，但很闷，四周都被热浪包裹着，让人窒息。

阿布扎比是“有羚羊的地方”，我早听说过。阿拉伯羚羊经常在这一带出没，我好希望一睹羚羊的风采，好回去跟同学们吹我也当过“羚丝”。

我把这个想法用英语和机场服务人员说了（我专门学的是法语，英语也是顶呱呱的），她笑着说：“其实20世纪70年代之前，阿布扎比还是一片荒漠，除了几棵枣椰树和遍地的骆驼刺，只有为数不多的土块砌成的房屋。羚羊只是美丽的传说，不要说这是机场，附近也没听谁说见过。”

原来是个华侨，白费了我半天英语口舌。不过她笑得挺迷人的。

尽管阿布扎比位于海湾南岸，却是典型的沙漠气候，年降水量极少，平均气温在25摄氏度以上，夏季的气温可高达50摄氏度。绝大部分地区寸草不长，淡水奇缺。

我热得直冒虚汗，可能是酒喝多了。

到过阿布扎比，就不能说郑州热了。

短暂停留后，飞机再度起飞，向着巴黎。

可能是气温在下降，也可能是离目的地越来越近，我心情放松了些，不知不觉我迷迷糊糊地睡着了。

聚会的同学在一起喝酒，男同学都带着自己心爱的人。我的女神竟然破天荒地答应和我一起赴宴。有个叫阿宝的同学，和我们俩都是同学，他给她敬酒，她不喝，他不停地劝：“你要不喝，是嫌哥哥长得丑。”连这种下三滥的招都用上了。

女神开始不说话，后有些愠怒，但强压着没有发飙。

阿宝估计是喝高了，还是死缠烂打：“你要不喝，就找人替你喝。让昂喝呗。咱们来个君子协议，他比我能喝，你跟他走，我比他能喝，你跟我走，怎样？”

“呸，你把我当什么了？”女神真的生气了。

"我跟你喝!"我拍着胸脯,拔地而起。

我不胜酒力,大家都知道。这是英雄救美吗?

事后想想,我真傻,真天真。

有一个人来到我家,说,咱俩打一架,你赢了,房子归你,你输了,房子归我。

能这么干吗?这是强盗逻辑。房子本来就是我的,我没必要通过竞争来获得所有权。女朋友本来就是我的嘛!

结果,我喝得酩酊大醉,吐得一塌糊涂。

女神带着哀怨的眼神从我身边溜走,和阿宝走了,准确地说,是阿宝得意地跟女神走了。

女神头也不回地说了一句狠话:活该!

"别走,别……"我惊醒了,原来是一场噩梦。我旁边坐的是一个上了年龄的资深美女,她不解地望了我一下,浅浅地对我笑了笑。

巴黎戴高乐机场到了,我来到火车站时,天色已晚。

巴黎是许多旅游爱好者心中的圣地,但咱来过巴黎,而且还不止一次,在我眼里,和北京区别不大。如果毕业后我能在这儿发展,这就是我的第二故乡。

到处都是行色匆匆的人流,也没啥看的。

大概下午6点,我买到了去雷恩的火车票。

忘记说了,我们学校就在雷恩。

雷恩(法语 Rennes)是法国西北部第二大城市,是布列塔尼大区的首府,也是伊勒·维莱纳省(Ille-et-Vilaine,35号省)的首府。自古以来雷恩就是布列塔尼地区的中心都市,也是重要的观光都市。

雷恩因其优异的城市生活质量而深受法国人喜爱,2012年被法国杂志*L' Express*评为"全法最宜居的城市"。

"我们的学校像花园,花园的花儿多灿烂……"买到火车票后,我一高兴随口唱了两句,用汉语。

我对在法国留学兴趣不大,因为我留学有很多选择,阴差阳错,这只是其中的一个选择,说不上是最好的一个。

我参加自主招生,考上了北京化工大学,我放弃了。

拿着不错的高招成绩,我参加了一所新加坡大学考试,顺利过关,他们答应给我全额奖学金,包括在学校的所有费用,连来回机票都提供,还可提供五年的工作机会。我断然拒绝。

我对新加坡没多大兴趣。尽管妈妈一次又一次地劝我去新加坡算了,可我才不会听她的。

我同学在那里读的是理工大学。

但我对我们学校法国国立应用科学学院雷恩校区相当满意。

我们学校准确地说,就坐落在一大片森林当中,马路不宽,但车少人稀,好不容易见到一辆车,又走不到跟前,因为车为了避人,早早就停下了,让人先过。

很快就要到我喜爱的雷恩了,爽,酒劲也过得差不多了,我上了火车,找个座位坐下。

车厢里的人潮慢慢平复下来,气温也在下降,我的注意力比先前集中了些。

我上车时,急急忙忙的,拿着车票,随着人流"游"上了车。好险,刚才有辆货车经过,正好挡着我的去路,再晚一步,我就上不去了。

晚了事小,失节事大。

我最不愿意在我犯点小错的时候,被妈妈一下子抓住把柄,于是,她就会不怀好意地不停地修理我。爸爸不会动武,却阴阳怪气的,气死人。

不蒸馒头争口气,我不能掉车。

可问题来了,我要确保没上错车,平安抵达才能算大获全胜,得胜回朝,才能在爸妈面前扬眉吐气,让他们无懈可击。

正如电视剧里说的,闭死你的嘴。

我不能这样说爸妈,但我也不能授柄于人。

我能确定没上错车吗?

"大,大哥,这车去哪儿?"我扭头问身旁的一个小鲜肉。

小鲜肉漠然地望了我一眼,没理我。

在忙乱之中,我说的是中文。

我的法语是新学的，本来就是半瓶醋，一急就更不行了。

人是陌生的，地儿是陌生的，我的心情也陌生起来。

我随着下车的人们往车厢外面走，一下车，我傻了，不用怀疑，不用考证，不用评估，我确实坐错车了。

妈妈知道又该往死里吵我了，爸爸至少要嘲笑我半年。更不敢让同学们知道，very very stupid 的我竟然坐错车了，真是成事不足，败事有余。我咋这么倒霉！

冷静下来之后，我发现比这些更严重的是：这儿是哪里？我怎么回巴黎？我怎么去雷恩？我晚上吃什么？我晚上住哪里？

在家千日好，出门一日难。还真是的，有爸妈在身边，尽管他们会找我碴，但也可以帮我解决问题，这下好了，叫天天不应，叫地地不灵。

我想吐，觉得酒又在往上翻。

我在北京的时候，要是听妈妈一句劝，不折腾那么晚，不去聚会，不去喝酒，坐车的时候清醒些，细心些，注意力集中些，把车次看清些，也许就不会犯这样弱智的错误了。

我把时间又往回倒了倒：一般情况下火车都会提前 15 分钟到站等候乘客，然而当时火车不知什么原因并未准时到站，月台空荡荡的。大概在火车发车前的 5 分钟左右，隔壁站台来了一辆货车，挡住了我的视线。我当时一着急，没注意停客车的是几号站台，晕着头我就上了……

我想知道我下车的地方是哪里，问了几个人，他们都不大能听懂我蹩脚的法语，所以大多数答非所问。

有一个女学生模样的姑娘，她听懂了，可她说的我没听懂。

后来才知道，火车直接开到了法国南部的城市尼姆。

下了车，提着行李，我赶紧在火车站大厅的自动售票机买票往回坐，因为这里没有直达雷恩的车，想去雷恩，必须返回巴黎。你看这事闹的，我当时真是死的心都有了。

好在我这人心大，我不会真去死，只是想想罢了，很快，就过去了。

屋漏偏逢连阴雨。因为已经是晚上 9 点，人工售票窗口早已关闭，查到最早回巴黎的车票是在早上 7 点，我打算在火车站等一夜。

这要说也不太难。

郑州火车站成夜都有大量旅客滞留,北京也有,大家习惯了,也就无所谓了。

虽说不是深秋,但到了傍晚气温还是有点低,加上人生地不熟的,我的心情也出现了冰点。

风断断续续地刮着,时不时地带点响哨,朝我直扑而来,我这单薄的夏衣哪能抵挡得住?

在北京时,妈妈说,法国比中国冷,你穿厚点,别冻感冒了,要不呼吸道又该感染了。我有较严重的咽炎,爸妈都很担心。我倒无所谓,过两天就好了。妈妈的话我当了耳旁风,也因为我和同学玩得太忘情了,根本没把妈妈的话放在心上。唉!

月亮女神昏昏沉沉的,就像我这颗刚醒酒的头。月晕而风,这是古理,有风就对了。

呼,一阵冷风吹来,把门碰响了,吓了我一跳。

包里基本上弹尽粮绝了。妈妈让我多带点吃的喝的,我怕麻烦,没带。好在飞机上提供简餐,还有饮料,也没受罪。可坐错车,计划全乱了,我没能及时到校,给养跟不上,我的食物链就断了。

我在包里使劲儿摸索,就像一个城管。有个软乎乎的东西,唉,是我准备扔掉的面包。

这是飞机上提供的,我在家就不吃面包,所以坐飞机,我的面包要么让别人吃,要么就随手扔掉。这次没扔,好险,要不然这会儿该挨饿了。

我两口把面包吃光,准确地说是一大口和一小口,大口大得吓人,小口小得可怜。

我想喝水,忽然发现手里捏着个矿泉水瓶,拧盖,仰脖,准备大干一番,谁知出了两滴,就没了,我使劲儿地吮吸,但无济于事。

这也是飞机上提供的。

我觉得自己像个白痴,除了妈妈提醒的(我也没听),除了飞机上提供的,我竟没一点准备。

古人云,兵马未动,粮草先行。我这兵马已从中国拉练到了法国,我的粮草呢?

我很喜欢朱自清写的《背影》。当父亲的总怕孩子想得不周到,孩子心高气傲,总嫌父亲啰唆,可结果,总是父亲对的多,孩子对的少,最后,吃亏的还是孩子。

我迷迷糊糊地又睡着了,这是我的强项。有一次在北京新东方听课,坐车的时候,我拉着公交车扶手睡着了,还没耽误下车。同行的哥们儿对我大加赞赏,逢人便说我厉害:站着都能睡着,还不会睡过站,佩服,实在是佩服。

一阵吵闹声把我惊醒了,我的头又开始疼了。能不疼吗?搁您也会疼的。飞了十几个小时,吃没吃的,喝没喝的,刚想睡一会儿,清梦又被搅,疼是正常的。

我遇到的事更让我头疼。

在中国,不管是郑州,还是北京,候车时在候车室打个盹,很正常。就是睡在地上,只要你有被子,也是可以的。这社会主义和资本主义的差别咋就这么大呢?

没人情味。

在中国,找个人说个好话,一准行。实在不济,装可怜,说自己家穷没钱,被偷可怜,上无片瓦,下无立锥之地,能适时再挤出两滴眼泪,全齐活了。遇到心肠软的,他还会给你一块钱,一块面包,一瓶水,没准儿还会给你路费。

车站巡检员见我在这儿睡觉,很生气,嗓门儿很大,意思是让我出去,不能在这儿待。

我用不熟练的法语告诉他,我坐错车了,有车我就走,我在这儿等车,不给他添麻烦。

也不知他听懂没有,反正我的法语很烂。

“你是中国人吧?”他用法语问我。我说是的。他笑了,笑得有点不可捉摸。

他不相信我的话?

他把我撵了出去,理由是火车站晚上要关闭,禁止旅客过夜。

我只好坐在火车站门口,抱着我的行李箱,等待第二天清晨的到来。

月亮还是昏沉的，风还是带哨的，我把仅有的短衣裹了裹，下意识地看了一下表，快12点了。

如果故事至此结束了，真算不上精彩，爸爸也不会半年多没理我，妈妈也不会糗了我一年。

我也不会每当向父母要钱时，都恨不得把头伸到裤裆里。我答应爸妈，出去打工，挣钱还债；节衣缩食，减少开支，不旅游，不谈恋爱……

到底发生了什么事？

人在倒霉的时候喝凉水都塞牙。

大概凌晨两点的时候来了两个阿拉伯人，十八九岁的样子，用法语问我是不是想进到火车站里面过夜，我说是的。

雷锋，一定是雷锋，雷锋出国了？

俩人表示侧面有一个入口，他们可以带我进去。好哇，竟然没说钱的事，外国人太傻，其实他们要是要我三十五十的，我也会给。要个三百五百的，我也会考虑。

在中国的高速路口，总有人指路带路，但钱是不能少的。

我家附近一下雨就淹，总有人拿着车牌追前面的车，还牌要钱。有一次，我看见一个人把一辆车的牌子给拽下来了，也跟车主要了几十块钱。

我提起行李高兴地跟着他们走了。一转过弯，其中一个一拳打在我脸上，另一个转过来就抢我的书包。拉开书包最外层，掏出了里面的钱包，妈妈给我的900欧元纸币全在那个钱包里。

他们打开钱包看到钱，眼中露出惊喜，掏出纸币，奚落了我一句，我也没听懂，他们扭头便消失在夜色中……

没有了钱，手机也没费了，我寸步难行。我通过网络想和妈妈取得联系。

“到校也不来个电话，我和你爸都快急死了。”妈妈那固有程序的埋怨，可我此时听着并不像平常那么刺耳。听到亲人的声音，我“哇”地哭出声来。

我好几年没哭过了。

“妈妈，我的钱被抢了。”

“没事,你慢慢说,人没事吧?”

“人没事,我坐错车了……”

我把事情经过大致向组织做了汇报。

妈妈听说我没事,又开始埋怨我不听话,怎么怎么的,怎么怎么的,她说得全对,我无言以对,只有听骂的份儿。

“妈妈,给我寄点钱,我没路费了。”我说出了主题。

“不要民生银行卡的,取着不方便,直接汇我法国银行卡吧,那个快。”我声音很低。

妈妈还想说什么,后来咽回去了。

“那好吧。你照顾好自己。”

“好了,以后一定听妈妈的话。”

等钱,取钱,买票,过程很曲折,不再细说。有一件事是我事先想好的,回到雷恩后,我第一时间给妈妈留言报了平安。

这是我第一次主动这样做。